Par L. Chevalier

ANTIOCHUS ÉPIPHANES,

TRAGÉDIE

EN CINQ ACTES.

Yth
1006

Deux exemplaires de cet ouvrage ont été déposés à la bibliothèque impériale.

ANTIOCHUS ÉPIPHANES,

TRAGÉDIE

EN CINQ ACTES ET EN VERS;

REPRÉSENTÉE PAR LES COMÉDIENS ORDINAIRES
DE SA MAJESTÉ L'EMPEREUR,

Le 21 Mars 1806.

Par Le Chevalier, d'après Barbier

A PARIS,

CHEZ HUBERT ET COMP., IMP.-LIBRAIRES,

RUE DES GRANDS-AUGUSTINS, N°. 21.

MAI, M. D. CCC VI.

PRÉFACE.

Dès qu'une tragédie est annoncée sous un nom historique, chacun s'imagine d'abord que le sujet doit être infailliblement puisé dans l'histoire. On la parcourt plusieurs jours d'avance pour se mettre au fait du passage que l'on présume avoir été choisi par l'auteur. Croit-on l'avoir deviné ? On l'étudie péniblement pour s'en rendre toutes les circonstances familières, dans l'espoir de faire, à la première représentation, ses preuves, sans doute bien faciles, d'une érudition d'un jour.

Dans ce tems surtout où toutes les pages de l'histoire sont mises en drame, en mélodrame, en comédie et même en vaudeville, on a du s'étonner qu'une tragédie, dont l'histoire doit naturellement fournir le sujet, fût toute entière d'invention. Il seroit sans doute préférable de travailler sur un fonds connu, si les faits les plus célèbres renfermoient toujours les conditions de la tragédie. Mais comme les sujets historiques réunissent rarement les qualités nécessaires, que d'ailleurs les plus fameux ont été mis sur la scène par nos grands maîtres, j'ai pensé que, s'il étoit permis d'innover, ce devoit être plutôt dans la fable que dans la conduite de l'ouvrage et dans le style, comme plusieurs auteurs ont osé le faire.

Aristote même, ce législateur du Parnasse ancien et qui, après deux mille ans, dicte encore des lois au nôtre, n'est point contraire à cette manière de penser, et, s'il n'assigne que le second rang pour l'intérêt aux tragédies de pure invention, au moins ne les proscrit-il pas. Voici comme il s'en explique, chapitre 9 de sa poétique, sect. 3 : (1)

Mais pour les tragédies, on se sert de noms connus; la raison en est que ce qui est possible est par conséquent croyable.... Cependant il y a quelques tragédies où l'on ne trouve qu'un ou deux noms connus et le reste est inventé. Dans d'autres il n'y en a aucun: comme dans l'Anthos d'Agathon; car dans cette pièce, et le sujet et les noms sont feints, cependant elle n'en plaît pas moins. Il n'est point nécessaire, dans les tragédies, que le sujet soit tiré d'histoires connues : il seroit même risible de l'exiger; en effet, les histoires même connues, ne le sont que de peu de personnes, et tout le monde prend également plaisir aux tragédies.

---

(1). Ἐπὶ δὲ τῆς Τραγῳδίας τῶν γνωρίμων ὀνομάτων ἀντέχονται. Αἴτιον δ᾽ ὅτι πιθανόν ἐστι τὸ δυνατόν .... Οὐ μὴν ἀλλὰ καὶ ἐν ταῖς Τραγῳδίαις, ἐνίαις μὲν ἓν ἢ δύο τῶν γνωρίμων ἐστὶν ὀνομάτων, τὰ δὲ ἄλλα πεποιημένα· ἐν ἐνίαις δὲ οὐδέν· οἷον ἐν τῷ Ἀγάθωνος Ἄνθει· Ὁμοίως γὰρ ἐν τούτῳ τά τε πράγματα καὶ τὰ ὀνόματα πεποίηται, καὶ οὐδὲν ἧττον εὐφραίνει· ὥστ᾽ οὐ πάντως εἶναι ζητητέον τῶν παραδεδομένων μύθων, περὶ οὓς αἱ Τραγῳδίαι εἰσίν, ἀντέχεσθαι. Καὶ γὰρ γελοῖον τοῦτο ζητεῖν, ἐπεὶ καὶ τὰ γνώριμα ὀλίγοις γνώριμά ἐστιν, ἀλλ᾽ ὅμως εὐφραίνει πάντας.

Il est vrai que les tragédies dont personne ne connoît le sujet demandent de la part des spectateurs une attention plus soutenue. Qu'une seule circonstance de l'exposition leur échappe, le fil de l'intrigue est perdu pour eux et le nœud n'a plus rien que d'obscur : cependant nous avons sur notre théâtre plusieurs exemples heureux de cette liberté ; Zaïre, Alzire, Mahomet, Bajazet même, à peu de chose près, ne sont-ils pas des sujets de pure invention? Si l'on convient généralement que les poètes de nos jours ont bien de la peine à se traîner de loin sur les traces des anciens, pourquoi n'avoir pas pour eux l'indulgence que commande leur infériorité? Il semble au contraire que le public soit devenu plus exigeant, à mesure qu'il devoit moins exiger. Maintenant, le jour d'une pièce nouvelle, on veut être au fait du sujet avant d'aller au théâtre ; la paresse de quelques personnes se refuse à suivre le fil de l'intrigue la moins embrouillée, et la plus légère attention semble devenir pour elles un travail pénible.

C'est ce qui a paru surtout à la première représentation de cette tragédie. Je suis loin de vouloir en appeler ; le sujet sans doute peut passer pour bizarre aux yeux de bien du monde, mais eût-il été plus sage, les dispositions hostiles manifestées même avant le lever du rideau, eussent empêché la saine partie d'en juger. L'effet de l'ouvrage entier dépendoit d'ailleurs de la manière dont on prendroit l'exposition de la fable, et de la terreur que sauroit inspirer le principal personnage, celui dont la mort fait la catastrophe de la pièce. La première, écoutée avec distraction, a rendu nulle la seconde.

On a reproché à Antiochus trop de cruauté; mais en cela même, son caractère ressemble à celui que lui donne l'histoire : un prince, qui fit brûler à petit feu le sage Éléazar, les Machabées et leur mère, pour avoir refusé de sacrifier à ses dieux, étoit-il bien rempli d'humanité? Je l'ai représenté mortellement offensé par un sujet qui lui ravit sa maîtresse, qui se réfugie chez son ennemi, lui fait la guerre et le dépouille presqu'entièrement de ses États, n'étoit-ce pas assez pour légitimer sa vengeance? Il n'est point étonnant qu'il veuille envelopper Athénaïs et Zobéide dans la proscription d'Arzace; les rois de l'Orient étendoient ordinairement la punition des crimes jusques sur la famille des coupables. Assuérus, selon l'écriture, livre à la fureur des Juifs toute la famille d'Aman, et cependant Assuérus est représenté comme un excellent prince.

Le moyen qu'Antiochus employe pour se venger, c'est-à-dire l'envoi de deux soldats pour assassiner Arzace dans son camp, a été trouvé romanesque; trois exemples m'ont paru suffisans pour couvrir ce qu'une telle action a d'extraordinaire. Mucius Scœvola n'est-il pas envoyé par les Romains pour assassiner Porsenna? Et Mucius se méprend comme les émissaires d'Antiochus. Nisus et Euryale, dans l'Énéide, pénètrent de nuit dans le camp des Rutules et y commettent de grands désordres; l'ardeur seule du butin les trahit; enfin, dans le Rhésus d'Euripide, Diomède et Ulysse se glissent sous la tente de ce prince, le tuent et emmènent son char et ses chevaux; ce qui est bien moins vraisemblable que d'enlever une femme évanouie. Ce n'est pas que je prétende me justifier entièrement par ces exemples; ce qui peut passer dans un poème épique, peut n'être pas supportable dans une tragédie; le Rhésus seul d'Euripide pourroit servir d'autorité, mais c'est une des plus médiocres pièces de ce poète; aussi je veux seulement faire conclure de là que le sujet n'étoit pas tout-à-fait aussi dénué de vraisemblance que certains journalistes se sont plu à le publier.

Un autre reproche sur lequel ils ont insisté, est la multiplicité des reconnoissances; on ne s'en seroit peut-être pas apperçu, si des personnes qui avoient eu communication de la pièce n'en avoient dit le nombre à leurs amis, qui n'étoient probablement pas ceux de l'auteur. Héraclius, Rhadamiste et Electre fourmillent de reconnoissances, est-ce à dire pour cela que ces ouvrages en soient moins intéressans?

Je me bornerai à ce court examen: en le faisant, j'ai voulu seulement rendre raison des motifs qui m'ont engagé à traiter un pareil sujet. Je me suis trompé sans doute sur le choix; et je ne prétends point rejetter sur qui que ce soit le mauvais succès de mon ouvrage, pas même, suivant la coutume, sur les acteurs qui l'ont joué. Il ne me prendra pas non plus envie d'attaquer le jugement des journalistes, pour le fonds ; je n'attaquerai que la forme. Une critique ne doit point dégénérer en pamphlet ; elle ne peut être utile que lorsqu'elle est exposée honnêtement. Puisque notre amour-propre a déjà bien de la peine à se rendre à une critique juste et polie, il se révolte à plus forte raison contre celle qui est présentée avec aigreur et écrite d'un style trivial. Si je me plains de quelques journalistes, à cause du ton de leur critique, que dirai-je de ceux qui dénaturent les vers pour les rendre ridicules ? Un de ces messieurs, pour me siffler en sûreté de conscience, a jugé à propos de me prêter son esprit, en refaisant à sa façon ce vers de la seconde scène du premier acte :

Dans les yeux de sa mère elle eût vu son devoir.

Il ne pouvoit s'être trompé, puisque mademoiselle Thénard l'a prononcé très-clairement ; au reste, si l'ouvrage est si mauvais, qu'avoit-il besoin d'y ajouter du sien ?

Mais c'est trop m'arrêter sur les honnêtetés littéraires dont nos journaux retentissent à la honte de la littérature ; j'aime mieux ne pas les réfuter entièrement que de les relire. D'ailleurs je ne parviendrois pas à corriger nos prétendu-frérons de leur manière partiale et peu décente de critiquer; leur pli est pris des long-tems; ils se connoissent: ils sentent qu'il leur est plus facile de trouver des injures que des raisons. Excepté deux ou trois, il en est bien peu qui pussent soutenir quelque tems leur journal sur un ton de critique mesurée et décente; il faut, pour remplir une pareille tâche, beaucoup plus de fonds et de lecture qu'il n'en ont.

Je sais qu'en livrant cet ouvrage à l'impression, j'ai fourni une nouvelle pâture à leur malignité; mais ils en ont dit tant de mal, que je ne risque guères qu'ils en disent davantage.

PERSONNAGES.

ANTIOCHUS ÉPIPHANES,   MM.
  roi de Syrie.   (*Baptiste, aîné.*)

ARZACE, sous le nom de Pharnace, général des Parthes, autrefois sujet d'Antiochus.   (*St. Prix.*)

SÉLEUCUS, fils d'Antiochus.   (*Damas.*)

ATHÉNAÏS, femme d'Arzace. (*Mlle. Duchesnois.*)

ZOBÉIDE, fille d'Athénaïs.   (*Mlle. Bourgoin.*)

POLÉMON, ancien ministre attaché à Arzace.   (*Desprez.*)

EUDOXE, gouvernante de Zobéide, crue sa mère.   (*Mlle. Thénard.*)

OTAME, confident d'Antiochus. (*Varennes.*)

UN SOLDAT.

SOLDATS Syriens et Parthes.

(*La scène est à Séleucie, dans le palais d'Antiochus.*)

ANTIOCHUS ÉPIPHANES,
TRAGÉDIE.

ACTE PREMIER.
SCÈNE Iʳᵉ.

EUDOXE, POLÉMON.

EUDOXE.

A Votre auguste aspect que mon âme est saisie !
Je revois Polémon aux murs de Séleucie.
Les Dieux, les justes Dieux, touchés de nos malheurs,
Semblent, par votre main, vouloir tarir nos pleurs.

POLÉMON.

Un vieillard, dans l'exil oublié quinze années,
Peut-il changer ici vos tristes destinées ?
Mes conseils en ces lieux deviendroient superflus :
Et n'est-ce pas toujours le même Antiochus
Qu'un funeste penchant vers les forfaits entraîne,
Et dont le cœur jamais n'a respiré que haîne ?
D'un roi, pour qui régner n'est que l'art de punir,
N'attendez pas, Eudoxe, un meilleur avenir.

EUDOXE.

Tout change cependant ; et cette âme endurcie
Sous le poids du malheur paroît s'être adoucie.
Si d'un juste remords son cœur n'étoit troublé,
Vous-même, de l'exil vous eût-il rappelé ?

POLÉMON.

Le méchant quelquefois fatigué de ses crimes,
Laisse pour un instant respirer ses victimes.
Mais ce faux repentir, ouvrage du hasard,
N'est qu'un bien passager où le cœur n'a point part.
Eudoxe, croyez-moi; sa dernière défaite,
Le Parthe, menaçant son unique retraite,
Ces murs, près de tomber au pouvoir du vainqueur,
Voilà les vrais remords qui déchirent son cœur.

EUDOXE.

Peut-être que du roi la lente prévoyance
Rend un tardif hommage à votre expérience,
Et qu'enfin il attend de vos heureux secours
Le salut de son peuple et celui de ses jours.

POLÉMON.

Et comment, dites-moi, ce bras glacé par l'âge
Peut-il de tant de maux arrêter le ravage?
A-t-il cru qu'un vieillard pourroit seul retenir
La colère des Dieux qui semble le punir?
O d'un roi criminel implacable furie!
Sujets infortunés! malheureuse patrie,
Quelle main t'a ravi ton sceptre et ta grandeur!
Le crime a de ton nom effacé la splendeur.
Hélas! ces tems heureux, illustrés par ta gloire,
Sont encore aujourd'hui présens à ma mémoire!
L'Égypte étoit soumise; et les Parthes vaincus
Trembloient dans leurs déserts, au nom d'Antiochus.
Tant de prospérités d'Arzace étoient l'ouvrage.
De sa gloire le roi ne prenoit point d'ombrage;
Trop heureux! si l'amour, égarant leur raison,
N'eut au fond de leurs cœurs répandu son poison!
C'étoit pendant ces jours de pompe et d'allégresse
Que le prince, entraîné par la publique ivresse,

Et, cédant à la fin au plus cher de nos vœux,
D'un hymen attendu voulut serrer les nœuds.
Athénaïs alors, par sa beauté touchante,
Fixoit tous les regards d'une cour triomphante.
Tel fut le digne objet de ses nouveaux soupirs.
Il lui fit aussitôt expliquer ses desirs;
Mais, de tant de malheurs source chère et cruelle,
Athénaïs au roi ne fut que trop rebelle,
Et d'Arzace en secret son cœur déjà charmé
A l'attrait des grandeurs fut constamment fermé.
L'amour d'un roi puissant, ce qu'un trône a de charmes,
Pour attendrir son cœur furent de foibles armes;
Et, redoutant du roi quelqu'odieux dessein,
Elle accepta d'Arzace et les vœux et la main.

EUDOXE.

Vous savez qu'à la cour préférant la retraite,
Je n'eus de tant de maux qu'une idée imparfaite;
Dussent de nouveaux pleurs s'échapper de vos yeux,
Seigneur, apprenez-moi quel monstre furieux
D'un prince criminel éclaira la vengeance?

POLÉMON.

Il ignora d'abord leur douce intelligence;
Et, voilant les desseins de son amour confus,
Il parut oublier un si cruel refus.
Nos amans jusqu'ici, dans un profond silence,
Avoient de leur penchant caché la violence,
Et, fuyant quelquefois la pompe et la grandeur,
Ils suivoient en secret leur amoureuse ardeur.
Mais le cours dura peu d'un destin si prospère,
Un traître de leurs feux découvrit le mystère.
Le roi, pour assurer son funeste courroux,
Dans la nuit la plus sombre enveloppa ses coups.
Sans doute il abrégea leur vie infortunée,
Un voile épais encor couvre leur destinée;

Et moi, jouet long-tems d'un inflexible sort,
Je survis à ces maux pour déplorer leur mort.

EUDOXE.

Généreux Polémon, suspendez vos allarmes ;
Dans vos yeux aujourd'hui je puis sécher vos larmes.
Arzace n'est point mort.

POLÉMON.

Ah ! que m'apprenez-vous ?

EUDOXE.

D'Antiochus Arzace a trompé le courroux.
Soit que ses assassins, à ce front magnanime,
Respectassent encor cette illustre victime,
Soit que l'or, dans leur cœur étouffant le devoir,
Pour arrêter leurs bras eût assez de pouvoir,
Loin d'un tyran cruel et loin de Séleucie,
Ce héros, par leurs soins alla cacher sa vie.
Mais, las d'errer toujours sur des bords étrangers,
L'amour d'Athénaïs et ses pressans dangers
Le forcèrent enfin de regagner l'Euphrate :
Ils portèrent leurs pas à la cour de Phraate,
Et du Parthe attendri ne prirent pour secours
Qu'un azile inconnu qui pût cacher leurs jours.
De ces amans sauvés la prompte renommée
Jusques dans notre cour est tout à coup semée.
Antiochus à peine en croit encor le bruit,
Mais un récit fidèle à la fin l'en instruit.
Alors, d'un ennemi plaignant peu la misère,
Il se livre aux transports d'une aveugle colère,
Et, dans son corps glacé ranimant ses fureurs,
Il les fait demander par ses ambassadeurs.
Mais le Parthe, à ses vœux bien loin de satisfaire,
Saisit avec ardeur ce prétexte de guerre,
Et, pour lui résister rassemblant ses soldats,
D'Arzace, son vainqueur, il emprunte le bras.

Tout fléchit sous ses coups ; mais, digne de sa gloire,
Il nous offre la paix après chaque victoire.
Antiochus, vaincu dans différens combats,
Et fuyant l'ennemi maître de ses États,
Se renferme bientôt au sein de ces murailles.
Arzace, qui le voit éviter les batailles,
Jusques à Séleucie a porté ses succès,
Et du pied de nos murs nous offre encor la paix.

POLÉMON.

Mais de la voir conclure avez-vous l'espérance ?

EUDOXE.

Depuis six jours entiers, demandant audience,
L'ambassadeur du Parthe habite nos remparts.
On attend en suspens la fin de ces retards.
Le peuple, que déjà le trépas environne,
Se flatte à chaque instant qu'Antiochus pardonne ;
Et, puisqu'en ce grand jour je vous revois ici,
Mon esprit aisément penche à le croire aussi.

POLÉMON.

Connoissez mieux du roi le cœur impitoyable :
Une fois offensé, sa haine est implacable ;
Et, s'il semble un instant oublier sa fureur,
Sa clémence jamais n'est qu'un piége trompeur.
Mais vous, dans ces remparts, loin de votre retraite,
Parmi tant de dangers, quel sort affreux vous jette ?

EUDOXE.

Peut-être il vous souvient que, pour fruit de ses feux,
Arzace eut une fille, en ces jours désastreux ;
Des fureurs du tyran par mes soins préservée,
Sous le nom de ma fille elle fut élevée.
Au premier bruit qu'Arzace avoit fui le trépas,
Vers ce prince en son camp j'allois guider ses pas ;
Son enceinte déjà pouvoit être apperçue :
Voyage malheureux ! espérance déçue!

Seleucus, digne fils d'un père furieux,
Paroît, et nous conduit captives dans ces lieux.

POLÉMON.

Quoi ! Zobéide aux mains du tyran sanguinaire
Dont la fureur jalouse avoit proscrit son père.

EUDOXE.

De ma fille, Seigneur, le favorable nom
La met dans ce palais à l'abri du soupçon.
Qui pourroit pénétrer un destin qu'elle ignore ?
Mais un malheur plus grand vient m'affliger encore.

POLÉMON.

Parlez.

EUDOXE.

Ce Seleucus, ce cruel ravisseur...

POLÉMON.

Achevez.

EUDOXE.

Par ses soins a su toucher son cœur :
De vos conseils, Seigneur, j'implore la prudence;
Elle approche.

POLÉMON.

A ses yeux dévoilez sa naissance.
Si la voix du devoir n'étouffe point l'amour,
D'Arzace dans ces lieux attendons le retour.
Pour moi, trop peu certain d'un changement sincère,
Je vais de ces retards éclaircir le mystère.
Mais si mon zèle enfin ne le peut découvrir,
Madame, en vous servant, je suis prêt à périr. (*Il sort.*)

SCÈNE II.

EUDOXE (*Seule.*)

Dieux ! si vous nous livrez au pouvoir d'un perfide,
Ah ! protégez du moins les jours de Zobéide.

SCÈNE III.

EUDOXE, ZOBÉIDE.

ZOBÉIDE.

Que l'éclat noble et doux répandu dans ces lieux,
Remplit d'étonnement mon esprit et mes yeux !
En ce palais superbe, environné d'allarmes,
D'une profonde paix je goûte encor les charmes ;
Ce mélange inouï de guerre et de grandeur
D'un trouble tout nouveau vient agiter mon cœur.

EUDOXE.

Quoi ! lorsqu'en d'autres lieux vous êtes attendue,
Ce vain éclat des cours a charmé votre vue ?
Funeste changement ! vous ne regrettez pas
Ce camp victorieux où je guidois vos pas ?

ZOBÉIDE.

Eh ! comment regretter près d'un roi qui m'honore,
Un bonheur incertain que mon esprit ignore ?
Tout prévient en ces lieux mes modestes desirs,
Et mes jours sont comptés par de nouveaux plaisirs.
Quels biens auprès d'Arzace avons-nous à prétendre ?
Vous aviez dans son camp un secret à m'apprendre ?
Vous pouvez l'expliquer avec sécurité ;
Quand tout respire ici la douce liberté,
Ah ! ne remettez pas l'instant de m'en instruire !
Fixons nos pas errans dans cet heureux empire.
En quels lieux pouvons-nous couler des jours plus purs,
Qu'au sein de ce palais, à l'abri de ces murs ?

EUDOXE.

Avouez-le : ces biens, cette pompe étrangère,
Dans cette cour barbare ont moins droit de vous plaire

Que celui dont les bras nous y fait retenir;
Que ce prince en un mot que vous devez haïr.

ZOBÉIDE.

Moi, haïr Seleucus! quand sa main secourable
Nous prête en nos dangers un appui favorable.
Oui, depuis que le sort nous remit en ses mains,
Nous a-t-il fait gémir sous des fers inhumains?
On dit qu'Antiochus est cruel, sanguinaire,
Mais du moins Seleucus n'imite pas son père,
Et d'un tel père enfin les forfaits inouïs
Ne font que rehausser les vertus de son fils.
Avec quels nobles soins, calmant notre misère,
Il méconnoît les droits que lui donna la guerre!
Est-ce prévention? est-ce une douce erreur?
Mais ses touchans égards ne sont point d'un vainqueur.
Non, prince, c'est en vain que ton cœur magnanime
Abandonne sur nous un droit si légitime,
Si les rares vertus que j'admire dans toi,
Nous rangent de nouveau sous cette même loi;
En vain à l'adoucir ta main est attentive :
Quand mes fers sont brisés, je suis toujours captive.
Lui seul par sa douceur embellit ce séjour,
Pourriez-vous me blâmer d'un si juste retour?
Est-ce un crime à vos yeux que ma reconnoissance?

EUDOXE.

On est plus près souvent du crime qu'on ne pense.

ZOBÉIDE.

Ah! dissipez mon trouble et mon étonnement!

EUDOXE.

Erreur inconcevable! et triste aveuglement!
Du Parthe et de son camp perdez-vous la mémoire?

ZOBÉIDE.

Que m'importe après tout sa fuite ou sa victoire?

EUDOXE.

Est-ce vous, qui parlez ? vous dont les tendres pleurs
Ont d'Arzace à ma voix honoré les malheurs.

ZOBÉIDE.

Au récit de ses maux toute entière attachée,
D'une juste pitié mon âme fut touchée.
Mais, quand je déplorois le sort d'Athénaïs,
Arzace n'étoit point l'auteur de mes ennuis.

EUDOXE.

Ainsi donc désormais à ses succès contraire...

ZOBÉIDE.

Eh ! comment puis-je aimer l'auteur de cette guerre,
Dont les soldats sanglans nous tiennent assiégés ?

EUDOXE.

Connoissez-vous celui qu'ainsi vous outragez ?

ZOBÉIDE.

Quel reproche cruel et quelle voix sévère !
De l'erreur où je suis instruisez-moi ma mère ?

EUDOXE.

Vous n'êtes point ma fille.

ZOBÉIDE.

      Ah, funestes clartés !

EUDOXE.

Quoique mon sang le cède au sang dont vous sortez,
Au penchant de son cœur ma fille plus rebelle,
Eut repoussé les traits d'une amour criminelle,
Et, par un juste orgueil, méprisant son pouvoir,
Dans les yeux de sa mère elle eût vu son devoir.

ZOBÉIDE.

Dieux ! quel est mon destin ; expliquez-vous de grâce ?

EUDOXE.

Ce héros que l'on fuit... en un mot cet Arzace...

ZOBÉIDE.

Eh bien ! achevez donc de me tirer d'erreur.

EUDOXE.
La nature le nomme au fond de votre cœur.
ZOBÉIDE.
C'est mon père!
EUDOXE.
Lui-même.
ZOBÉIDE.
Éperdue, égarée...
A de contraires vœux en ce moment livrée,
De mon lâche abandon mon esprit est confus:
Ah! qui doit l'emporter Arzace ou Seleucus?
Le devoir seul l'emporte; et ma flamme insensée
Dans toute son horreur se peint à ma pensée;
Je suis fille d'Arzace et mon trop foible cœur
Osoit aimer le fils de son persécuteur!
Ah, Madame, excusez une fille coupable
Que vous abandonnez et que son crime accable!
EUDOXE.
Zobéide, calmez ces douloureux transports;
Tremblante, je vous vois sous le poids des remords.
Soyez toujours ma fille, et puisse un jour prospère
Couronner votre amour en vous rendant un père!
ZOBÉIDE.
A des soins si touchans que ne devrois-je pas?
EUDOXE.
On vient. Antiochus vers nous porte ses pas.
Cachez lui les douleurs de cette âme éperdue:
Rentrons. Mais de son fils fuyez surtout la vue!

SCÈNE IV.

OTAME, ANTIOCHUS, ZOBÉIDE, EUDOXE, GARDES.

ANTIOCHUS.

Madame, pardonnez si le devoir des rois
M'a trop fait négliger les soins que je vous dois.

Oui, depuis que mon fils vous amena craintive,
Je n'ai pu qu'un moment entrevoir sa captive ;
Pourquoi donc, à ma vue, abandonner ces lieux ?
Demeurez.

ZOBÉIDE.

Nous craignons d'importuner vos yeux.

ANTIOCHUS.

Non. Je sais ce qu'on doit, malgré le sort des armes,
De respect au malheur et surtout à vos charmes.

ZOBÉIDE.

Seigneur, notre fortune est plus humble en ses vœux.

ANTIOCHUS.

Fiez-vous à ma foi, c'est tout ce que je veux.
Quel pays vous vit naître ? Ah ! daignez m'en instruire !

ZOBÉIDE.

Seigneur, j'ai pris naissance au sein de votre empire.

ANTIOCHUS.

Se pourroit-il, ô Dieux ! et quel heureux séjour
Vous déroboit, Madame, aux regards de ma cour ?
Votre rang ? quel objet, si j'en crois l'apparence,
Mérite mieux que vous une illustre naissance !

ZOBÉIDE.

Le sort peut nous frapper dans le rang le plus beau;
L'infortune, Seigneur, assiégea mon berceau.

ANTIOCHUS.

Achevez. Vos parens ?

ZOBÉIDE.

Devant vous est ma mère;
Et dès mes jeunes ans on m'enleva mon père.

ANTIOCHUS.

Apprenez-moi son nom. Je sécherai vos pleurs.

ZOBÉIDE.

Seigneur, pour quelque tems respectez nos malheurs;
Vous le saurez un jour !

ANTIOCHUS.
Périsse le perfide
Dont la fureur barbare affligea Zobéïde!
ZOBÉIDE.
Vos malédictions ne frappent pas en vain :
Les Dieux sur le pervers ont étendu leur main.
ANTIOCHUS.
Le ciel semble souvent favoriser le crime.
Mais excusez encor l'intérêt qui m'anime,
Quand le destin vous mit aux mains de nos soldats,
Apprenez-moi, Madame où s'adressoient vos pas?
ZOBÉIDE.
Fuyant nos toits en flamme et l'horreur des batailles,
Nous cherchions un azile au sein de ces murailles.
ANTIOCHUS.
Cependant, si j'en crois ce que m'a dit mon fils,
Vous dirigiez vos pas vers nos fiers ennemis.
ZOBÉIDE.
Nous, Seigneur?
EUDOXE.
A l'aspect d'une troupe en furie,
J'ai frémi des dangers de ma fille chérie.
Il se peut que, pour fuir ces soldats inhumains,
La peur nous ait alors montré d'autres chemins;
Ne sachant s'ils étoient fidèles ou perfides,
Que pouvoient notre escorte et deux femmes timides?
ANTIOCHUS.
Quoique par l'ennemi pressé de toutes parts,
Vous n'avez rien à craindre au sein de ces remparts.
J'espère que la trève, à mes desseins utile,
Aura bientôt du Parthe affranchi cette ville;
Et je saurai montrer, par d'éclatans effets,
Que je plains le malheur et punis les forfaits.

(*Elles sortent.*)

SCÈNE V.
ANTIOCHUS, OTAME.

OTAME.

Vous le voyez, Seigneur, cette captive aimable
D'aucun crime envers vous ne peut être coupable.
Eût-elle vu le jour parmi vos ennemis,
Tous vos ressentimens ne sont-ils pas bannis ?
La paix qui se prépare...

ANTIOCHUS.

Arrête, cher Otame;
Et lis mieux avec moi dans le fond de mon âme.
Après tant de mépris prodigués à mes feux,
Puis-je oublier jamais un refus si honteux !
De la raison d'État, victime volontaire,
Ma main serra les nœuds d'un hymen nécessaire;
Roi, je fus malheureux dans ma pompeuse cour,
Et j'ai connu l'hymen sans connoître l'amour.
Je n'ai pu, dans ma gloire, au comble de l'ivresse,
Bannir d'Athénaïs l'idée enchanteresse;
Et, lorsque je songeois que mes noirs attentats
Avoient pu dans la tombe enfermer tant d'appas,
Je gémissois, Otame, et ma douleur extrême
Vouloit à chaque instant la venger sur moi-même.
J'appris, non sans frémir, quelle étoit mon erreur,
Qu'un traître avoit trompé ma trop juste fureur.
Juge de mon amour, juge de ma blessure,
Au coup qui menaça l'auteur de mon injure !
Crois-tu, lorsque mon bras s'apprête à le punir,
Que mes ressentimens puissent s'évanouir ?
Mon âme, à la fureur plus que jamais ouverte,
Ne respire et ne peut respirer que sa perte.

OTAME.

Quelle que soit, Seigneur, son offense envers vous,
On osera blâmer un si juste courroux.

ANTIOCHUS.

Et que m'importe à moi qu'on m'approuve ou me blâme
Que m'importe ses cris ! ne sais-tu pas, Otame,
Avec quelle injustice on charge les humains
Des forfaits, que l'on doit imputer aux destins ?
Va, crois-moi, c'est le sort, contraire ou favorable,
Qui rend l'homme en effet innocent ou coupable :
Pour qui parvient sans peine au but de ses desirs,
La tranquille vertu n'offre que des plaisirs ;
Mais c'est aux malheureux que sa pratique est rude !
Pour moi, traînant partout ma sombre inquiétude,
Je me fuyois moi-même au milieu des combats;
Quand les maux de la guerre ont signalé mes pas,
Que la Judée enfin regorgeoit de victimes,
Mon amour méprisé seul a fait tous mes crimes.

OTAME.

Ah ! Seigneur, écoutez ces généreux remords,
Et, pour les détester, rappelez vos transports !
Vous pouvez, ramenant l'ancienne intelligence,
Terminer, par la paix, votre longue vengeance :
Et vos maux et les siens doivent vous réunir.

ANTIOCHUS.

Ce sont là les malheurs dont je le veux punir !
Mon courroux redoublé, que rien ne put éteindre,
Retenu si long-tems, pourroit-il se contraindre ?
Retrace-moi plutôt ses derniers attentats,
Pour mieux à le poursuivre encourager mon bras.

OTAME.

Songez plutôt, songez à recevoir Arzace !
Pour défendre ces murs, que ce vainqueur menace,
Vous tenteriez, Seigneur, des efforts superflus.

ANTIOCHUS.

Va, peut-être, bientôt je ne le craindrai plus.
Ecoute, et juge enfin, dans ce jour redoutable,
Jusqu'où vont les transports de ma haine indomptable;
Tandis que, par la trêve arrêtant ses progrès,
Dans ces murs ébranlés je traite de la paix,
Que sur ses vains lauriers ce fier vainqueur sommeille,
A sa perte appliqué, mon courroux toujours veille;
Rien de mes coups puissans ne le peut garantir.

OTAME.

Ah! que méditez-vous, Seigneur?

ANTIOCHUS.

J'ai fait partir
Deux esclaves chargés de m'apporter sa tête.

OTAME.

Ainsi donc, défiant l'orage qui s'apprête,
Vous bravez et le Parthe et son prince en courroux?

ANTIOCHUS.

Et qu'aurois-je en effet à craindre de ses coups?
Pour quelques vains succès Séleucie allarmée
Renferme cependant une nombreuse armée.
Pour triompher du Parthe, il ne faut aujourd'hui
Que le priver du bras qui seul est son appui;
Depuis six jours, chargé des desseins de son maître,
Indatès est passé dans le camp de ce traître;
Toi, sache s'il revient; va, cours, informe-moi
De tout ce que ton zèle aura fait pour ton roi;
C'est trop tarder! quiconque à la vengeance aspire,
A perdu tout le tems qu'un ennemi respire;
Et, tant qu'à l'accabler on n'est point parvenu,
Soi-même on doit trembler d'en être prévenu.

Fin du premier Acte.

ACTE SECOND.
SCÈNE Iʳᵉ.

ARZACE, POLÉMON.

ARZACE.

Approche, Polémon, et reconnois Pharnace;
Oui, tu revois en lui le malheureux Arzace,
Qui, de ce même Parthe autrefois le vainqueur,
Vient caché sous le nom de son ambassadeur,
Aux fureurs de la guerre arrachant cette ville,
Dans ses propres foyers demander un azile.

POLÉMON.

Quoi, Seigneur, de la paix prévenant le retour,
C'est donc vous que je vois en cette affreuse cour.
Sans un péril certain y pouvez-vous paroître?

ARZACE.

Que crains-tu? puisqu'ainsi tu m'as pu méconnoître.
Cet appareil guerrier, ces flèches, ce carquois,
Ce vêtement, conquis sur l'habitant des bois,
Des Parthes indomptés la rudesse sauvage
Ont à mes ennemis déguisé mon visage;
Tout me cache à leurs yeux en ce triste palais:
Le tems et le malheur ont bien changé mes traits.
Cesse donc pour mes jours de craindre davantage
Des périls que saura surmonter mon courage.
Mon âme, accoutumée aux horreurs de son sort,
Chez des peuples cruels osa braver la mort;
Errant, persécuté, cherchant une patrie,
Sur des bords inconnus j'allai cacher ma vie,

Et souvent ton ami, vainqueur de tant d'États,
Ne sut dans l'univers où diriger ses pas.
Au milieu des rigueurs d'un sort toujours contraire,
La seule Athénaïs adoucit ma misère ;
Celle, qu'un trône offert ne put jamais toucher,
Sur les pas d'un proscrit n'a pas craint de marcher :
L'opprobre et les douleurs pour cette infortunée
Furent le triste prix de mon triste hyménée.
Mais enfin, las d'errer dans des pays lointains,
J'abaissai ma fierté pour changer ses destins ;
Ma voix d'un ennemi, dompté par ma vaillance,
Pour Athénaïs seule implora l'assistance :
J'en obtins plus encor. Le Parthe généreux
Surpassa par ses dons mon espoir et mes vœux,
Et, sans exiger rien qui me rendit coupable,
Il daigna m'accorder un azile honorable.
Le seul Antiochus, en armant contre moi,
D'un fidèle sujet sut ébranler la foi.
Périssent les ingrats dont les cœurs sanguinaires
Se font de leur pays ennemis volontaires !
Mais dans mon sort affreux qu'ai-je à me reprocher ?
Au sein de vos États m'a-t-on vu vous chercher ?
Si mon cœur a du Parthe embrassé la vengeance,
L'ai-je du refuser quand il prend ma défense ?
Déplorant mes succès, et prompt à m'arrêter,
Je viens subir des lois que je pourrois dicter ;
Et ne demande enfin de ce peuple que j'aime,
Pour tout prix de la paix, que d'en jouir moi-même.

POLÉMON.

A de si longs retards, à ces lenteurs du roi,
Seigneur, il m'est permis de soupçonner sa foi.
Élevé dans les cours, je connois leurs maximes :
La clémence souvent y sert de voile aux crimes.

3

Et, le Parthe d'ailleurs une fois écarté,
Gardera-t-il pour vous la foi d'un vain traité?
Pourra-t-il vous revoir avec indifférence?
Un cœur rival du sien, surtout sa préférence,
Sont des affronts qu'un roi ne pardonne jamais;
Et, pour n'en point douter, rappelez ses forfaits:
D'un amour sans espoir son âme possédée
Lui fit porter la guerre au sein de la Judée;
Mais plus à le bannir il mettoit ses efforts,
Plus le sang qu'il versoit irritoit ses transports;
Et son barbare cœur, respirant le carnage,
Fatiguoit les bourreaux sans assouvir sa rage.

ARZACE.

Ah! qui de ces horreurs n'a pas connu le cours?
Moi-même dans l'azile où je cachois mes jours,
J'appris d'Antiochus la nouvelle victoire,
Et tant de cruautés dont il souilloit sa gloire.
Redirai-je les maux que ce prince cruel
Causa pour s'affranchir d'un désespoir mortel?
Sur la tête des juifs ses rigueurs retombées:
Le sage Eléazar, les vaillans Machabées,
Frères infortunés, héros dont le grand cœur
Bravoit, sur le bûcher, leur farouche vainqueur!
Ainsi d'un fol amour le criminel délire
A suffi pour changer les destins de l'Empire;
Sans ce fatal penchant qui le mit sous ses lois,
Antiochus seroit au rang des plus grands rois;
Heureux! si, ne prenant que moi seul pour victime,
Les maux que j'ai souffert avoient fait tout son crime.
Mais, lorsque la vengeance est au fond de nos cœurs,
Quel frein peut retenir ses coupables fureurs?
Qu'un amour méprisé fait éclater de haine,
Et qu'aisément au crime alors il nous entraîne.

Ami, pardonne au roi son fier ressentiment :
Mon cœur pour l'accuser est-il donc innocent ?
Moins fortuné, ma main eût été criminelle ;
Je suis persécuté, j'aurois été rebelle.

POLÉMON.

Ainsi, bravant la mort, vous osez aujourd'hui,
Quand vous le connoissez, vous confier à lui ?
Ah ! tandis que sur vous tout garde le silence,
Partez ; dans votre camp fuyez sa violence.

ARZACE.

Non, non, il n'est plus tems : veux-tu que dans ces lieux,
J'abandonne le bien le plus cher à mes yeux,
Ma fille, de ma flamme unique récompense ?
Eudoxe, ainsi que toi dans cette confidence,
Qui connoît mon abord en ces tristes remparts,
Doit en ce même lieu l'offrir à mes regards,
Et, malgré les témoins qui m'obsèdent sans cesse,
J'ai hâté ces momens si doux pour ma tendresse.
Je vais l'entretenir. Et, toujours inconnu,
Jouir des sentimens de son cœur ingénu.
Athénaïs d'ailleurs, par mes soins abusée,
Ignore les dangers dont sa fille est pressée.
Heureux, si je pouvois, ménageant son amour,
D'une fille à sa mère annoncer le retour !
Toi, veille en ce palais, ami tendre et fidèle ;
Dans ce commun péril j'ai besoin de ton zèle.

POLÉMON.

Ah ! s'il en est, Seigneur, je cours les prévenir ;
Je m'éloigne à regret, mais pour mieux vous servir.

(*Il sort.*)

ARZACE.

Elle vient. Pour cacher cet important mystère,
Ciel ! suspends dans mon cœur la tendresse d'un père !
Mon trouble à son aspect...

3..

SCÈNE II.

ARZACE, ZOBÉIDE, EUDOXE.

ZOBÉIDE.

Ne vous étonnez pas,
Seigneur, si nous osons guider vers vous nos pas.
Puissiez-vous seulement, écoutant ma prière,
Ne me pas refuser la grâce que j'espère !

ARZACE.

A de si doux accens, quel cœur peu généreux
Ne seroit attendri de vos timides vœux !
Cette aimable candeur qui règne en votre bouche,
M'intéresse déjà pour tout ce qui vous touche.

ZOBÉIDE.

Peut-être vous allez rejetter mes desirs !

ARZACE.

Ne craignez rien, daignez m'expliquer vos soupirs.
Ah ! pour vous rassurer, que faut-il que je fasse ?

ZOBÉIDE.

Seigneur, apprenez-moi quel est le sort d'Arzace.

ARZACE.

Arzace, dites-vous ? Et qui peut aujourd'hui
Au sein de cette cour s'intéresser à lui ?
Ah ! si de votre rang j'ai quelque connoissance,
Madame, en ce palais vous avez pris naissance ;
Quand vous m'interrogez, peut-être en vous mes yeux
Reconnoissent le sang du maître de ces lieux.

ZOBÉIDE.

Épargnez ce reproche à mon âme attendrie,
Au héros glorieux de qui je tiens la vie.

Mais à vos yeux, Seigneur, je puis me déclarer :
Vous, qui le secourez, pourriez-vous le livrer ?
Rejetton malheureux d'une triste famille,
D'Arzace devant vous reconnoissez la fille,
Qui, tremblante à l'aspect de son moindre danger,
Sur un père chéri vient vous interroger.

ARZACE.

Quoi, Madame, c'est vous ! ah ! sa vive tendresse
S'allarme avec raison du péril qui vous presse !
Sur tant de dons heureux quel que soit son espoir,
Vous surpassez encore ce qu'il peut concevoir.

ZOBÉIDE.

Ainsi donc à ses yeux mon image est tracée ?

ARZACE.

Vous êtes en tout tems présente à sa pensée.

ZOBÉIDE.

Ses périls sont l'objet de mes plus tendres soins.

ARZACE.

Les vôtres en ces lieux ne le troublent pas moins.

ZOBÉIDE.

Pensez-vous que la paix à mon amour le rende ?

ARZACE.

Pour vous seule en son nom ma bouche la demande,
Vous seule de ses maux êtes le digne prix.

ZOBÉIDE.

Vous ne me parlez pas, Seigneur, d'Athénaïs ?

ARZACE.

Ah ! pour vous d'une mère elle sent les allarmes.

ZOBÉIDE.

Que vois-je ? sur mon sort vos yeux versent des larmes !

ARZACE.

Au sort de vos parens dès long-tems attaché,
Mon cœur de tant d'amour ne peut qu'être touché.

(*A part.*)

Grands Dieux, à ses regards dérobons ma foiblesse !

ZOBÉIDE.

Instruisez-les, Seigneur, de toute ma tendresse.

ARZACE.

Puis-je donc leur cacher ces doux empressemens ?
Ils sauront, comme moi, vos secrets sentimens.
Mais c'est peu : pour leur rendre une fille si chère,
Je vais, de ces lenteurs dévoilant le mystère,
Opposer ma franchise au manège des cours ;
D'un prince politique éclairer les détours,
Et, d'un scythe avec lui montrant la noble audace,
Lui parler en vainqueur dont la fierté se lasse.
Vous, si vous m'en croyez, fuyant tous les témoins,
Allez attendre ailleurs le succès de mes soins.

(*Il sort.*)

SCÈNE III.

ZOBÉIDE, EUDOXE.

ZOBÉIDE.

Je ne sais, à sa voix et surtout à sa vue,
Quels secrets sentimens troubloient mon âme émue !

EUDOXE.

Rentrons. Obéissons à ses tendres avis.
O ciel ! d'Antiochus je vois venir le fils.

SCÈNE IV.

SÉLEUCUS, ZOBÉIDE, EUDOXE.

SÉLEUCUS.

Madame, demeurez: pourquoi fuir ma présence?
Quel accueil je reçois après six jours d'absence!
Lorsque, de vos vertus plus touché que jamais,
Je vous rapporte un cœur soumis à vos attraits,
Cependant vous sortez! Croirai-je que ma vue
Puisse en effet, causer cette fuite imprévue?
D'où peut venir, Madame, un si grand changement?

ZOBÉIDE.

Ne m'interrogez pas en ce fatal moment;
Modérez vos bontés pour une infortunée
Victime du malheur, à gémir destinée.

SÉLEUCUS.

Ne vous suis-je plus cher? expliquez-vous, hélas!

ZOBÉIDE.

Mes destins sont changés, mais mon cœur ne l'est pas.

SÉLEUCUS.

Hé bien, Madame, hé bien, bannissez toute crainte!
Pourquoi vous imposer cette froide contrainte?
Et dans quel tems encor? Tout succède à mes vœux,
Et semble de concert favoriser mes feux.
Nos malheurs vont finir. Le roi du moins espère
Que ce jour fortuné va terminer la guerre;
Trop heureux! si la paix, assurant mon bonheur,
Peut ramener aussi le calme dans mon cœur!

ZOBÉIDE.

Se peut-il qu'oubliant sa haine renaissante,
A recevoir Arzace Antiochus consente!
Savez-vous à quel prix il daigne pardonner

SELEUCUS.

Madame, de quel soin vous allez vous gêner ?
Pourvu que mon amour obtienne Zobéïde,
Périsse sous nos murs cet ennemi perfide !

ZOBÉIDE.

Périsse notre amour ! s'il falloit qu'aujourd'hui
Son succès fut fondé sur le malheur d'autrui.

SELEUCUS.

Quel intérêt si cher prenez-vous à sa vie ?

ZOBÉIDE.

Celui qu'obtient de nous la vertu poursuivie.

SELEUCUS.

Je rends un juste hommage à sa rare valeur,
Et j'ai cédé moi-même à ce fameux vainqueur.
Mais ce combat pour moi n'a pas été sans gloire,
Cette main de son sang a rougi sa victoire.

ZOBÉIDE.

De quels traits, par vos coups, mon cœur est-il frappé ?
Au sang de ce héros votre main a trempé ?
Ah ! rencontre fatale et nouvelle imprévue !
Pourquoi dans ce moment n'avoir pas fui sa vue ?

SELEUCUS.

Moi ! j'aurois évité ce vainqueur furieux,
Qui du trépas des miens triomphoit à mes yeux,
Portant des fiers lions la dépouille sanglante,
Mais plus terrible qu'eux dans sa rage brûlante ?
Ce formidable aspect, bien loin de m'arrêter,
A braver son courroux ne fit que m'exciter,
Et, si ce fer alors n'a pas tranché sa vie,
Dans son sang odieux j'arrêtai sa furie ;
J'allois même enlever ce chef des ennemis,
Mais protégé des siens, succombant...

ZOBÉIDE.

Je frémis.

SELEUCUS.

Du sujet de vos pleurs au moins daignez m'instruire!
Apprenez-moi...

ZOBÉIDE.

Seigneur... (*à part.*) que pourrai-je lui dire?
Ah! souhaitez plutôt n'avoir point combattu!
Mais quel sujet de crainte à mon cœur abattu!
On vient.

SCÈNE V.

ZOBÉIDE, EUDOXE, SELEUCUS, ARZACE.

ARZACE.

Dans ce palais je cherchois votre père.
Mais vous-même, Seigneur, pourrez me satisfaire :
Arrêté trop long-tems au sein de ces remparts,
J'ai peine à concevoir l'objet de ces retards.
D'Antiochus enfin la longue indifférence
Du maître que je sers peut blesser la puissance.

SELEUCUS.

Seigneur, le roi peut seul... me trompé-je, grands Dieux!
Arzace à Séleucie! Arzace dans ces lieux!

ARZACE.

Arzace est devant toi; je n'en fais point mystère;
Reconnois-moi : mon nom est trop beau pour le taire.

ZOBÉIDE (*à part.*)

Ciel! mon père!

EUDOXE.

Grands Dieux!

ARZACE.

                    Cependant ne crois pas
Qu'un indigne motif ait pu guider mes pas.
Effrayé des malheurs que la vengeance entraîne,
Je viens, par un traité, mettre un terme à la haine.
La discorde fatale et nos divisions
Ont pesé trop long-tems sur les deux nations;
Trop long-tems, sous ces murs tout fumans de carnage,
J'ai traîné malgré moi la guerre et le ravage;
Il est tems que le peuple, en proie à nos fureurs,
Respire consolé de ses longues douleurs;
Forcé d'abandonner le sein de ma patrie,
Elle fut toujours chère à mon âme attendrie :
Sur ses tristes destins j'ai bien souvent gémi.
Je venois inconnu, mais non pas ennemi,
Veiller à ce traité dont l'intérêt me touche :
Qui peut mieux sur nos maux s'expliquer que ma bouche?
L'aspect de nos malheurs, j'en atteste les Dieux,
Parmi tant de dangers, m'a conduit en ces lieux.

SELEUCUS.

Sous un nom emprunté quiconque ose paroître,
Quel qu'en soit le prétexte, à mes yeux n'est qu'un traître.
Ennemi de ton roi, fléau de ma maison,
A la révolte encor tu joins la trahison!
Mais en vain l'imposture est féconde en excuses,
J'entrevois tes détours et tes pénibles ruses :
Puis-je en croire ta foi? La fourbe est dans ton cœur.

ARZACE.

En ai-je donc besoin quand je suis ton vainqueur?
Quand ces murs ébranlés et ces tours sans défense,
Ne subsistent encor que grâce à ma clémence!
Pour un lâche artifice emploirai-je ma voix,
Quand le fer à la main, j'ai pu dicter des loix?

Mais je sais pardonner à ton rang, à ton âge
Ce transport indiscret, dont la chaleur m'outrage;
De pareils sentimens sont indignes de toi;
Je puis les oublier, ils ne blessent que moi.
Mais du moins, dépouillant une injuste colère,
En faveur de la paix daigne fléchir ton père;
Pour ton propre intérêt, montrons-nous réunis;
Sois touché comme moi des maux de ton pays;
N'imite pas ces rois de qui les mains barbares
Du sang de leurs sujets ne sont jamais avares.

SELEUCUS.
Quel art à te servir pourrait me disposer?

ARZACE.
J'en connais un puissant dont je pourrois user.
Par d'odieux soupçons quand ton orgueil m'offense,
Sais-tu que dans mes mains je tiens ta récompense?

SELEUCUS.
Eh! puis-je donc de toi recevoir quelque prix
Qui ne soit en effet digne de mes mépris?
Soi-même on est bien près de se montrer rebelle,
Quand on reçoit les dons d'une main criminelle!
En me faisant trahir et mon père et mon roi,
Veux-tu me rendre ingrat et traître comme toi?

ARZACE.
J'aurois été surpris que le fils d'un tel père
Connût de la vertu le langage sincère.

SELEUCUS.
Ainsi dans mon palais tu m'oses insulter!

ZOBÉIDE.
Seigneur, où le courroux vous va-t-il emporter?

SELEUCUS.
Dieux! qu'est-ce que j'entends? d'où vient ce trouble extrême?
Pouvez-vous contre moi vous déclarer vous-même?

ARZACE.

Madame, reprimez cette douce pitié;
Laissez agir plutôt sa vaine inimitié.
Non, non, c'est un exploit digne de sa vaillance,
D'opprimer l'ennemi qu'il tient en sa puissance!

SELEUCUS.

Que n'ai-je pu, brûlant d'une noble chaleur,
Par des coups plus heureux signaler ma valeur!
De t'accabler ainsi la gloire n'est pas grande;
Mais dois-je balancer, quand l'État le demande?

ZOBÉIDE.

Quoi! vous pourriez livrer?... non cruel, mon Seigneur,
Un semblable dessein n'est pas dans votre cœur:
Mon esprit, malgré vous, ne peut le croire encore.
Faudra-t-il donc hélas! que ma voix vous implore
Pour ce sang malheureux que vous avez proscrit?

SELEUCUS.

Je demeure confus, immobile, interdit;
De tout ce que je vois, que faut-il que je pense?
Quoi! d'un traître c'est vous qui prenez la défense!
Vous, dont le cœur exempt de toutes trahisons...

ZOBÉIDE.

Vous pouvez sur moi-même étendre vos soupçons;
Mais épargnez du moins...

EUDOXE.
Ciel!

ARZACE.
Arrêtez, princesse;
Recourir à des pleurs seroit une foiblesse.
Poursuis, prince, poursuis tes desseins généreux;
Je suis assez vengé : j'ai reconnu tes feux!
Va, ton cœur a trouvé le secret de lui plaire :
Brûle pour Zobéide, et cours livrer son père!

(*Il sort.*)

SCÈNE VI.

SELEUCUS, ZOBÉIDE, EUDOXE.

SELEUCUS.

Grands Dieux!... lui, votre père ?... ô coup inattendu
Qui vient frapper mon cœur, à vos yeux, confondu!
Quoi! lorsque dans ces lieux vous l'avez vu paroître,
Votre amour n'a-t-il pu me le faire connoître ?
Et, prévenant le coup qui me vient déchirer,
De ma fatale erreur n'a-t-il pu me tirer ?
Vous deviez ce secret au cœur qui vous adore!

ZOBÉIDE.

Zobéide sans vous l'ignoreroit encore.

SÉLEUCUS.

Le cruel, à vos yeux il a pu se cacher!
Mais moi-même, après tout, qu'ai-je à lui reprocher?
C'est ma bouche, c'est moi dont l'aveugle colère
De l'objet que j'adore ose outrager le père!
Fatal emportement! puisse-t-il en ce jour
Oubliant mes fureurs, approuver mon amour!

ZOBÉIDE.

Ah! Seigneur, c'est mon père : il n'est point inflexible.
Lui-même à votre erreur il a paru sensible.
A de mortels chagrins c'est trop tôt vous livrer :
Mon cœur, n'en doutez point, saura tout réparer.
Je vole sur ses pas ; et, s'il daigne me croire,
D'un courroux passager il perdra la mémoire.

SELEUCUS.

Je vais trouver mon père et crois plus jamais
Pouvoir fléchir son cœur qui penche vers la paix ;
Et, pour Arzace enfin appaisant sa grande âme,
Accorder à la fois mon devoir et ma flamme.

(*Ils sortent.*)

(*Fin du second Acte.*)

ACTE TROISIÈME.

SCÈNE Ire.

ANTIOCHUS (*Seul.*)

Que le tems à mon gré s'écoule avec lenteur !
Quoi donc ! de tous mes maux le détestable auteur,
Le perfide ennemi qu'Antiochus abhorre,
A mes ressentimens se soustrairoit encore !
Indatès, dans son camp passé depuis six jours,
De sa vie odieuse a-t-il tranché le cours ?
A-t-il péri lui-même ? ou son bras infidèle,
Pour servir mes fureurs, a-t-il manqué de zèle ?
Dans l'horreur où je suis je n'ai plus à choisir :
S'il demeure impuni, c'est à moi de périr.
Hé quoi ! pour garantir ma vie et ma couronne,
Faudra-t-il qu'aujourd'hui ma bouche lui pardonne ?
Que dis-je ? de la paix pourquoi nous éloigner ?
Sous son ombre, en ces lieux tâchons de l'amener.
Ce que n'ont pu le fer, trahisons, ni batailles,
Ma main va l'accomplir au sein de ces murailles.
Mais, pour mieux de ma haine assurer le succès,
Que tout présente ici l'image de la paix !
Ne confions qu'à nous cet heureux stratagême ;
Et, pour l'exécuter, trompons mon fils lui-même.
Il vient !

SCÈNE II.

ANTIOCHUS, SELEUCUS.

ANTIOCHUS.

Enfin, mon fils, je me suis consulté;
De nos malheurs communs jour et nuit agité,
Je me suis figuré la misère effroyable
Du retour de la guerre effet inévitable.
Vous voyez que la trêve, inutile repos,
A plutôt augmenté que suspendu nos maux,
Le fer s'est arrêté. Mais la lente famine,
Plus que la guerre encor, nous consume et nous mine.
Du moins, s'il faut céder, je ne cède qu'à vous;
Vous seul avez dompté ce superbe courroux :
Pour la paix, il n'est rien que mon amour ne fasse;
Déjà même en ces lieux je voudrois voir Arzace!

SELEUCUS.

Quoi! Seigneur, se peut-il?... mais quel est mon erreur :
Croirai-je qu'un seul jour calme tant de fureur?
Je conçois de la paix une espérance vaine :
Oubliai-je les maux que causa votre haine?
Hélas! je sais trop bien qu'à jamais irrité...

ANTIOCHUS.

Quoi, prince, vous doutez de ma sincérité!
Ne croyez pas pourtant qu'à la crainte accessible,
Mon esprit soit troublé de cet aspect terrible;
Le remords seul, mon fils, condamnant ma rigueur,
A pardonner enfin a disposé mon cœur.
Quel prix hélas! d'Arzace a payé les services;
Mais je veux réparer mes longues injustices.

SELEUCUS.

O changement heureux par les Dieux inspiré!

ANTIOCHUS.

Prince, par mes discours êtes-vous rassuré ?
En croirez-vous enfin la voix de votre père ?
Vous le voyez je touche au bout de ma carrière.
Emporté loin de moi par des feux insensés,
De quels malheurs mes jours ont été traversés !
De la haine d'un roi fût-elle légitime,
Le peuple doit-il donc devenir la victime ?
Puisse Arzace écouter les desirs de son roi !
Mais je sais qu'il a lieu de soupçonner ma foi :
Je crains pour ce traité sa juste défiance.

SELEUCUS.

Seigneur, dans vos vertus il aura confiance.
Ah! croyez qu'à la paix il aspire aujourd'hui.

ANTIOCHUS.

Et comment pouvez-vous me répondre de lui ;
Quel pouvoir sur son cœur produira ce miracle ?

SELEUCUS.

Seigneur, si pour la paix c'est là le seul obstacle,
Vos vœux n'en doutez point seront bientôt remplis...
Mais, pardonnez, Seigneur, à la crainte d'un fils,
Puis-je croire en ce jour votre haine appaisée ?

ANTIOCHUS.

Achevez promptement; quelle est votre pensée ?

SELEUCUS.

Seigneur...

ANTIOCHUS.

      Par quel moyen puis-je le rassurer
Sur ces nœuds qu'entre nous la paix va resserrer ?

Puissé-je, pour marquer combien je la desire,
Par les plus forts liens l'approcher de l'Empire !
Dit-on que ce héros, proscrit et malheureux,
Ait eu d'Athénaïs quelque fruit de ses feux ?

SELEUCUS.

Si des Parthes captifs on en croit le langage,
De cet hymen Arzace eut un précieux gage;
Une fille, Seigneur, dont les attraits vantés
Déjà d'Athénaïs égalent les beautés.

ANTIOCHUS (*à part.*)

O soupçons !... gardons-nous de les faire paroître !

SELEUCUS.

Ciel ! quel trouble ce discours dans vous fait-il naître ?

ANTIOCHUS.

Sans doute mon esprit a lieu de s'allarmer ;
Et c'est vous seul, mon fils qui pouvez le calmer :
Le salut de l'Etat est en votre puissance.

SELEUCUS.

Ah ! parlez, et comptez sur mon obéissance.

ANTIOCHUS.

Mais qu'est-ce que je crains, et que vais-je chercher ?
Eh ! quels nœuds plus sacrés pourroient me l'attacher ?
Quand je puis, pour mon fils lui demandant sa fille,
Par un heureux hymen l'unir à ma famille.

SELEUCUS.

Ah ! Seigneur...

ANTIOCHUS.

Mais mon fils, quels que soient ses appas,
Vous ne pouvez l'aimer ne la connoissant pas.
Je sais qu'à m'obéir votre âme est résolue,
Et je m'en vais presser cette douce entrevue.

SELEUCUS.

Il n'en est pas besoin, vous prévenez mes vœux;
J'accepte aveuglément un don si précieux.

ANTIOCHUS.

Non, prince, mon amour craint votre indifférence,
Et doit moins exiger de votre déférence;
On croiroit qu'à ces nœuds j'aurois pu vous forcer,
Et je serois moi-même injuste d'y penser.
Je veux la paix sans doute, et, plus je la désire,
Moins je dois aujourd'hui risquer de la détruire
Par des sermens forcés que l'amour n'eût pas faits

SELEUCUS.

Hé! qui pourroit, Seigneur, refuser tant d'attraits?

ANTIOCHUS.

Quoi! déjà vous l'aimez?

SELEUCUS.

    Ah! bien plus que ma vie.

ANTIOCHUS.

La vîtes-vous jamais?

SELEUCUS.

    Elle est dans Séleucie.

ANTIOCHUS.

Tant d'attraits ont-ils pu se cacher à mes yeux?

SELEUCUS.

Vous la connoissez.

ANTIOCHUS.

  Qui?

SELEUCUS.

    C'est Zobéide.

ANTIOCHUS.

      Dieux!

SELEUCUS.

Du jour que dans ces lieux elle vint prisonnière,
Son amour a rempli mon âme toute entière;

Et vous pouvez juger de mes ravissemens ;
Puisque vous approuvez de si beaux sentimens.
Il m'est bien doux, Seigneur, qu'un pareil hyménée
Puisse de mon pays changer la destinée.

ANTIOCHUS.

Il suffit. Vous pouvez être sûr de ma foi :
J'ai vu dans vos discours votre zèle pour moi.
Mais permettez du moins que je me plaigne, en père,
De vous-même, mon fils, et de ce long mystère :
Dès long-tems dans ma cour Zobéide a des droits,
Je veux rendre à son sang tout ce que je lui dois.
Sur mes soins paternels reposez-vous d'avance :
Je serai digne enfin de votre confiance ;
Prince ; selon vos vœux je vais tout préparer.
Allez.

SELEUCUS.

Pour mon amour, ciel ! que dois-je espérer ?

(*Il sort.*)

SCÈNE III.

ANTIOCHUS (*Seul.*)

Ah ! signalons enfin le courroux qui m'entraîne !
Il n'échappera pas tout entier à ma haine.
S'il évite le coup qui l'attend aujourd'hui,
Un tel gage en mes mains me répondra de lui.
Sa mort me vengeoit peu. Pour frapper le parjure,
Voilà, n'en doutons point la route la plus sûre.
Fille d'Athénaïs et d'un père odieux,
Qu'elle ne pense pas trouver grâce à mes yeux !
Pour perdre un ennemi qu'importe le supplice ?
Tous les moyens sont bons, pourvu qu'on le punisse ;
Plus le coup qu'on lui porte est injuste et cruel,
Plus il sent dans son cœur un déplaisir mortel.

Ah ! tout est légitime au courroux qui m'enflamme !
Mais, déjà de retour, je vois venir Otame.

SCÈNE IV.
ANTIOCHUS, OTAME, GARDES.

ANTIOCHUS.

Hé bien ! de me venger ai-je perdu l'espoir ?
Judatès !...

OTAME.

Il revient. Il a fait son devoir.
Et des deux ennemis traîtres à cet empire,
Seigneur, l'un est tombé, l'autre en vos mains respire.

ANTIOCHUS.

Quoi donc ! en mon pouvoir j'aurois, Athénaïs !
Je pourrois la punir de ses cruels mépris !
Ah ! les Dieux avec moi semblent d'intelligence !
Mais qui pût retarder l'effet de ma vengeance ?
Parle. Qui les retint si long-tems arrêtés ?

OTAME.

Ah ! Seigneur, quels périls n'ont-ils pas surmontés !
Sans doute il a fallu, pour vaincre tant d'obstacles,
Que leur fidélité produisit des miracles ;
Et je n'ai point appris, sans m'allarmer pour eux,
Quels dangers ont couru ces sujets généreux.
Pendant cinq jours entiers errans sans espérance,
Ils virent dans le camp la même vigilance ;
Sans courir à la mort ils n'y pouvoient entrer.
Mais bientôt l'ennemi parut se rassurer,
Et comptant à la fin sur une paix prochaine,
La garde autour du camp ne se fit plus qu'à peine.

Ce fut là le moment que leur fidelle main
Choisit pour accomplir ce glorieux dessein.
Déjà cette nuit même à leurs yeux favorable,
Prêtoit à leurs projets son ombre secourable;
Ils marchent. Un soldat qu'ils viennent d'éveiller,
paroît; mais son effroi l'empêche de parler.
Cet ennemi gagné par or ou par menace,
Leur montre le chemin de la tente d'Arzace.
Mais de sa trahison il ne profite pas,
Pour prix d'un tel service il reçoit le trépas.
Cependant Indatès, plus rempli d'assurance,
Se glisse le premier et dans l'ombre s'avance,
Tandis qu'interrogeant le bruit le plus léger,
Son ami, sur ses pas, veille au moindre danger,
Des soldats ennemis craignant quelque surprise.
L'intrépide Indatès poursuit son entreprise.
La tente n'est pas loin. De l'astre de la nuit
La tremblante lueur quelque tems le conduit;
Mais presqu'au même instant sa clarté retirée
Semble exprès se voiler pour cacher son entrée.
Il entre. Il voit partout les gardes endormis.
Arzace seul veilloit auprès d'Athénaïs:
« Cessez, lui disoit-il, de répandre des larmes;
» Ou Phraate n'aura que d'impuissantes armes,
» Ou vos fiers ennemis tomberont devant vous. »
Indatès à ces mots sent croître son courroux.
Un flambeau lui prêtoit sa lumière incertaine;
Jusques auprès d'Arzace en silence il se traîne,
Et, sans qu'aucun des deux poussât les moindres cris,
Il abat à ses pieds le perfide surpris.
Aussitôt, pour témoin d'une telle conquête,
De votre ennemi mort ils enlèvent la tête,
Le succès les anime, et pour mieux vous venger
Leur audace s'accroît au milieu du danger.

Athénaïs alors, près d'eux évanouie,
Sembloit du même coup avoir perdu la vie,
Mais eux, sans s'arrêter, la prenant dans leurs bras,
Loin de ce champ d'horreur précipitent leurs pas;
Et, tout sanglans, chargés de ces objets funèbres,
Ils échappent du camp à l'aide des ténèbres;
Mais de peur de rencontre ils font un long détour,
Et n'ont pu dans ces murs entrer qu'avec le jour:
Ils sont en ce palais, Seigneur, et leur courage
De leur zèle à vos pieds vient déposer le gage.

ANTIOCHUS.

Mais Otame, en rentrant au sein de ces remparts,
Ont-ils de mes sujets évité les regards?

OTAME.

Quoiqu'admis en ces lieux par une obscure issue,
De Polémon, Seigneur, ils n'ont pu fuir la vue.

ANTIOCHUS.

(A part.)
Ciel! que fait la perfide?

OTAME.

     Elle a repris ses sens,
Et remplit le palais de ses plaintifs accens:
Le nom de son époux est toujours dans sa bouche.

ANTIOCHUS.

Comme je l'espérois sa misère la touche;
Je veux que ses douleurs éclatent à mes yeux:
Gardes, qu'Athénaïs vienne seule en ces lieux.

(A Otame.)

Pour servir mes projets, digne ami de ton maître,
Demeure auprès de moi... mais je la vois paroître.

SCÈNE V.

ATHÉNAÏS, ANTIOCHUS, OTAME, GARDES.

ATHÉNAÏS (*aux Gardes.*)

Dans ces funestes lieux pourquoi guider mes pas ?
(*A part.*)
Sans doute c'est ici qu'il reçut le trépas !

ANTIOCHUS (*à Otame.*)

Ah ! quand je la revois, se peut-il que sa vue
N'inspire que la haine à mon âme éperdue ?

ATHÉNAÏS

Perfide ! à mes regards oses-tu t'exposer ?
Viens-tu jouir des pleurs que tu me fais verser ?
A l'aspect des tourmens où mon cœur est en proie,
Je conçois les transports de ta farouche joie !
Mais plutôt que veux-tu, barbare, explique-toi :
En l'état où je suis que prétends-tu de moi ?

ANTIOCHUS.

Comme j'ai du m'attendre à cette violence,
Je veux bien quelque tems la souffrir en silence.
Satisfaites un cœur mortellement blessé,
Mais songez que je fus le premier offensé !
Quel supplice moins grand pouvoit prendre ma rage,
D'un rebelle sujet qui m'a fait cet outrage ?
Si ma main a brisé cet indigne lien,
Ce crime fut plutôt le vôtre que le mien ;
Vous seule, n'écoutant qu'une imprudente flamme,
Avez su déchirer et l'Empire et mon âme.
De votre aveuglement voyez quel fut le fruit :
Vous avez partagé le sort d'un vil proscrit !

ATHÉNAÏS.

Après t'être vengé, n'outrage point ses mânes !
Ces feux, ton désespoir, ces feux que tu condamnes,
Ont aux plus grands périls égalé leur ardeur :
J'ai préféré ses maux à ta vaine grandeur.
Des climats avec lui j'ai supporté l'outrage,
Et, loin que les dangers étonnant mon courage,
Fissent naître dans moi le moindre repentir,
Jamais Athénaïs n'eût pû se démentir ;
Si les Dieux me rendoient le héros que j'adore,
Ce cœur qui l'a choisi, le choisiroit encore.

ANTIOCHUS.

Ainsi quand de mes mains rien ne vous peut sauver,
Perfide, jusqu'au bout vous voulez me braver !
Mais n'espérez de moi ni pitié, ni clémence ;
Vous revoyez un prince armé par la vengeance,
Qui de ses feux passés perdroit le souvenir,
S'il ne le conservoit pour venger et punir.

ATHÉNAÏS.

N'attends de moi non plus ni crainte, ni foiblesse :
Crois-tu qu'à te prier Athénaïs s'abaisse !

ANTIOCHUS.

Vous vous rendez justice en n'osant me prier ;
Vos crimes envers moi, puis-je les oublier ?
Par vous ce palais même est en proie aux allarmes,
Des Parthes, sous ces murs, j'ai vu briller les armes.
Tant votre cœur, toujours rebelle à votre roi,
Inspire à tous l'horreur que vous avez pour moi !
Et votre époux enfin, désolant sa patrie,
Des flambeaux de la guerre embrâsa la Syrie.
De tant de trahisons reconnoissez les fruits :
Ce peuple malheureux et ces remparts détruits,
Tout, à vous accuser ici d'intelligence,
Semble presser ma main de venger mon offense !

ATHÉNAÏS.
Quand mon époux n'est plus, qu'aurois-je à redouter?
ANTIOCHUS.
Frémissez des transports où je puis me porter!
ATHÉNAÏS.
Ah! malgré la fureur qui contre moi t'anime,
Ton bras doit s'arrêter où te manque le crime.
ANTIOCHUS.
Calmez quelques instans votre esprit incertain;
Ce jour de vos malheurs éclairera la fin.
Je pardonne aisément aux maux qui vous irritent;
Mais moi-même à mon tour quels soins cruels m'agitent!
(*Elle sort.*)

SCÈNE VI.
ANTIOCHUS, OTAME.

OTAME.

Seigneur, qu'attendez-vous; que doit-elle espérer?
Aux pieds de la cruelle irez-vous soupirer?
ANTIOCHUS.
Ne crois pas que mon cœur, en rallumant sa flamme,
A de nouveaux mépris encourage son âme;
Mais quels que soient les maux qu'elle ait pu me causer,
Par les siens aujourd'hui je les veux surpasser,
Et, d'un double trépas punissant la perfide,
Ordonner à ses yeux celui de Zobéide.
OTAME.
Ne redoutez-vous rien d'un fils au désespoir?
Son amour peut lui faire oublier son devoir.
ANTIOCHUS.
Otame, je le sais, des flammes téméraires
Ont armé trop souvent les fils contre les pères;

Je sais qu'un sexe foible, en maîtrisant nos sens,
Étouffe dans nos cœurs les plus chers sentimens.
De mon fils, il est vrai, j'ai flatté la tendresse.
Je l'attends. Mais, s'il vient réclamer ma promesse,
A vaincre son amour s'il ne peut consentir,
Père et roi, je saurai le forcer d'obéir.
Toi, partage les soins que mon courroux entraîne ;
L'ambassadeur aussi doit occuper ma haine !
Va, fais que d'un proscrit le reste inanimé
Soit, au gré de mes vœux, dans une urne enfermé.

Fin du troisième Acte.

ACTE QUATRIÈME.

SCÈNE Ire.

ARZACE, ZOBÉIDE.

ZOBÉIDE.

Moment cher à mon cœur, et jour vraiment prospère !
Quel bonheur de revoir et d'embrasser un père !
Quand vous me refusiez cette extrême douceur,
Hélas ! si près de moi, doutiez-vous de mon cœur ?
Cet amour qu'aux enfans inspire la naissance,
De mes destins, Seigneur, prévint la connoissance.

ARZACE.

Ah ! si j'ai renfermé des sentimens si doux,
Croyez que cet effort me coûtoit plus qu'à vous !
Que de fois, ô ma fille ! à votre aimable vue,
Tout près de se trahir, mon âme s'est émue !
Que de fois les dangers qui menaçoient vos jours,
Dans ma bouche muette ont glacé mes discours !
Un seul mot l'informant de notre intelligence,
Pouvoit d'un roi cruel armer la défiance :
Tout doit m'être suspect en ces murs odieux ;
Les plus doux sentimens se taisent en ces lieux.

ZOBÉIDE.

Conservez-les, Seigneur, mais cachez-en l'ivresse :
Mon cœur, de votre amour, juge par sa tendresse.
Ah ! combien en ce jour ai-je frémi d'effroi,
En songeant aux dangers que vous courez pour moi !

Hélas! quel eût été mon désespoir extrême,
Si tantôt le tyran fut survenu lui-même!
Mais, Seigneur, connoissez le prince Seleucus;
Et ne redoutez rien de ses rares vertus:
Lui seul de votre fille en ces lieux prisonnière,
A, par ses soins touchans adouci la misère;
Celui qui m'accorda de si nobles secours,
Pourroit-il donc, Seigneur, mettre en danger vos jours?

ARZACE.

Ah! sans doute ce prince a droit à mon estime;
Je sais le distinguer du tyran qui m'opprime;
Je connois ses vertus, ma fille, et plût aux Dieux
Que lui seul, en effet, fût le maître en ces lieux!
D'un père criminel il hait la violence;
Ainsi contre un tyran tout est d'intelligence,
Et c'est pour le punir que le ciel a permis
Qu'il trouvât chez les siens ses plus grands ennemis.
Mais, quand son fils nous tend une main secourable,
Antiochus pour nous est-il moins redoutable?
Heureux que Polémon, partageant nos revers,
Tienne sur ses desseins les yeux toujours ouverts!

ZOBÉIDE.

Quoi! Polémon, Seigneur, ignorez-vous sa fuite?

ARZACE.

Coup fatal et sensible à mon âme interdite,
Ah! dès le même instant qu'un sort injurieux
Met un foible mortel au rang des malheureux,
On diroit, en voyant chacun fuir sa présence,
Que de garder leur foi son malheur les dispense.

ZOBÉIDE.

Mon père, jugez mieux du cœur de Polémon:
Pourquoi le soupçonner de quelque trahison?
De ses desseins peut-être il n'a pu vous instruire.

ARZACE.

Excuse un malheureux contre qui tout conspire.
Mais sa fuite à mes soins prescrit un autre cours :
C'est à moi maintenant de veiller sur tes jours ;
Est-il un soin plus doux qui convienne à ton père ?

(*Il sort.*)

SCÈNE II.

ZOBÉIDE (*Seule.*)

JUSTES Dieux ! protégez une tête si chère ;
Quand votre main propice a pu nous réunir,
A mon amour, hélas ! n'allez pas le ravir ;
Et s'il doit d'un barbare affronter la présence,
Loin du cœur d'un tyran chassez la défiance !

SCÈNE III.

ZOBÉIDE, ATHÉNAÏS.

ATHÉNAÏS (*à part.*)

O Ciel ! fais que, trompant mes cruels oppresseurs,
Aux cendres d'un époux je mêle au moins mes pleurs !

ZOBÉIDE.

Ah ! qu'est-ce que j'entends ? et quelle infortunée
S'offre à mes yeux, plaintive et de larmes baignée !

(*à Athénaïs.*)

Pardonnez, si, troublant vos cruels déplaisirs,
J'ose interrompre ici le cours de vos soupirs.
Qui n'en seroit touché ? tout en vous intéresse,
Tout de vos sentimens accuse la noblesse ;

Victime, je le vois, d'une injuste fureur,
Ah ! daignez épancher vos chagrins dans mon cœur !
Étrangère, sans doute il plaint votre misère.

ATHÉNAÏS.

Hélas ! en cette cour que ne suis-je étrangère !

ZOBÉIDE.

Connoissez-vous ces lieux et ce fatal palais ?

ATHÉNAÏS.

Madame, plût aux Dieux ne l'avoir vu jamais !

ZOBÉIDE.

Pardonnez : ce discours vous cause trop d'allarmes.

ATHÉNAÏS.

Quand mon sang doit couler, n'épargnez point mes larmes.

ZOBÉIDE.

De votre confiance, honorez donc ma foi.
Si j'en crois mes soupçons, peut-être devant moi
Vois-je en vous d'un tyran l'épouse et la victime !
Il n'est pas de liens que respecte le crime.

ATHÉNAÏS.

Ah ! que m'avez-vous dit ? ô ciel ! lui mon époux !
Mes refus ont sur moi fait tomber son courroux.

ZOBÉIDE.

O fureurs ! ——

ATHÉNAÏS.

Pour combler sa lâche barbarie,
De mon époux sa rage a fait trancher la vie.
Moi-même de sa main je n'attends que la mort.

ZOBÉIDE (à part.)

Ce funeste récit me retrace mon sort !

ATHÉNAÏS.

Mais vous, dont à mon cœur la voix s'est fait entendre,
Ah! parlez; à qui dois-je une pitié si tendre?
Quand vous touchez à peine au printems de vos jours,
Nuls déplaisirs encor n'ont corrompu leurs cours;
Vous avez pour appui votre candeur, votre âge,
Se peut-il?...

ZOBÉIDE.

Le malheur fut aussi mon partage.

ATHÉNAÏS.

Quelques maux que le sort vous ait fait ressentir,
Sur un époux du moins vous ne pouvez gémir?

ZOBÉIDE.

Vous pleurez un époux, je tremble pour un père.

ATHÉNAÏS.

Pour essuyer vos pleurs il vous reste une mère?

ZOBÉIDE.

Je ne la vis jamais. Un destin oppresseur
Des secours maternels m'envia la douceur;
A des soins étrangers, enfant, abandonnée,
Du sein de mes parens je vécus éloignée.

ATHÉNAÏS.

Hé quoi! leur cruauté put vous bannir loin d'eux?

ZOBÉIDE.

Ils n'étoient point cruels, ils étoient malheureux.

ATHÉNAÏS.

Hélas! mais achevez.

ZOBÉIDE.

Leur sage prévoyance
D'un tyran sanguinaire écarta mon enfance;

Et sans doute leur cœur a gémi plus d'un jour
D'un exil où le sort a forcé leur amour.

ATHÉNAÏS (*à part*).

O rapport étonnant et lumière imprévue!

ZOBÉIDE.

D'un si tendre intérêt que mon âme est émue.

ATHÉNAÏS.

Dans quel rang des mortels vos parens sont-ils nés?

ZOBÉIDE.

Leurs destins sont fameux autant qu'infortunés.

ATHÉNAÏS.

En quel heureux séjour avez-vous pris naissance?

ZOBÉIDE.

En cette cour.

ATHÉNAÏS.

Grands Dieux! comblez mon espérance.

ZOBÉIDE.

De quel trouble nouveau son cœur est-il saisi?
De grâce, apprenez-moi...

ATHÉNAÏS.

J'eus une fille aussi!
Hélas! plus je la vois, moins mon âme incertaine...

ZOBÉIDE.

Que vers vous en ce jour un doux penchant m'entraîne!

ATHÉNAÏS.

Parlez: ignoriez-vous le nom de vos parens?

ZOBÉIDE.

Celle qui m'éleva me l'a caché long-tems;
Comme elle en eut les soins, je la croyois ma mère.

ATHÉNAÏS.
Ah ! reproche sensible à ma douleur amère;
Celle qui d'une mère eut pour vous tout l'amour
Vit-elle encor ?

ZOBÉIDE.
Les Dieux lui conservent le jour.

ATHÉNAÏS.
Son nom ? c'est trop tarder : accordez-le à mes larmes !

ZOBÉIDE.
Eudoxe est son nom.

ATHÉNAÏS.
Ciel !

ZOBÉIDE.
Appaisez vos allarmes !

ATHÉNAÏS.
Ma fille...

ZOBÉIDE.
Moi !...

ATHÉNAÏS.
Ma fille !...

ZOBÉIDE.
Ah ! suis-je ?... Dieux plus doux !

ATHÉNAÏS.
La fille d'un héros, d'Arzace mon époux.

ZOBÉIDE.
Ah ! ma mère !

ATHÉNAÏS.
Envers toi par pitié criminelle,
Pour mon sang à regret je me montrai cruelle.

ZOBÉIDE.
Jours heureux que mon cœur a long-tems desirés !

ATHÉNAÏS.
O, transports trop cruels à mes sens déchirés !
Renferme, objet bien cher, une indiscrette joie;
Au pouvoir d'un tyran faut-il que je te voie !

5

ZOBÉIDE.

Ma mère, bannissez ces funestes ennuis;
Eudoxe à ses regards a caché qui je suis.

ATHÉNAÏS.

On vient. Ciel! c'est le roi : je dois de la nature
Un instant dans mon cœur étouffer le murmure.

SCÈNE IV.

ATHÉNAÏS, ANTIOCHUS, ZOBÉIDE, GARDES.

ANTIOCHUS.

Gardes, quand tout fléchit sous les lois du devoir,
Sans mon ordre, en ces lieux, ont-elles du se voir?
  (*à Athénaïs.*)
Madame, à mon aspect vous semblez interdite;
Dans vos yeux, malgré vous, je vois la plainte écrite;
Ce palais devroit-il vous paroître odieux?
Puisqu'il présente enfin votre fille à vos yeux.

ATHÉNAÏS.

Qui? ma fille, Seigneur!

ZOBÉIDE (*à part.*)
  O Dieux!

ANTIOCHUS.
              En ma présence,
Certes, vous faites bien de nier sa naissance;
Mais pour mieux me cacher des aveux imprudens,
  (*à Zobéide.*)
Vous auriez du choisir de plus sûrs confidens.

ATHÉNAÏS.

Je l'avoûrai, cruel; oui, frappe, elle est ma fille.
Aux maux dont ta fureur a comblé ma famille
Et d'elle et de sa mère ajoute le trépas;
Je prévois que ta main ne l'épargnera pas.

En vain dans cet instant tu t'efforces de feindre,
Je te connois trop bien pour cesser de te craindre.
     ANTIOCHUS.
Hé bien, couple perfide, il faut donc à présent
Justifier ici ce noir pressentiment!
Vos cœurs, qui de la haine ont trop pris l'habitude,
Ne sauroient me payer que par l'ingratitude:
N'accusez donc que vous de son funeste sort,
Votre seule fureur est l'arrêt de sa mort.
     ATHÉNAÏS.
Pourras-tu l'accomplir cette horrible menace?
Que t'a fait Zobéide?
     ANTIOCHUS.
       Elle est fille d'Arzace.
     ATHÉNAÏS.
Quoi! c'est donc là son crime? ah! ce comble d'horreurs
Surpasse encor, tyran, tes premières fureurs!
N'est-il point, dans ton cœur, de place à la clémence?
Tant de maux n'ont-ils pas expié mon offense?
Tu n'as que trop, sur moi, signalé ton courroux:
N'étoit-ce pas assez d'égorger mon époux?
     ZOBÉIDE (*à part.*)
O ciel! de son erreur que ne puis-je l'instruire!
     ATHÉNAÏS.
Mais que contre ses jours ta rage encor conspire,
Que ton cœur n'écoutant ni remords, ni pitié,
Prétende la punir de mon inimitié,
Que tu tranches le fil d'une si belle vie;
Peux-tu donc jusques-là pousser ta barbarie?
Mais quoi! contre elle encor dois-je irriter son cœur!
  (*Elle se jette aux pieds d'Antiochus.*)
Tremblante, à vos genoux vous me voyez, Seigneur
J'oublie en ce moment et mes maux et son père:
Vous ordonnez sa mort, hélas! et je suis mère!

Ne vous méprenez pas aux coups que vous portez :
C'est par moi que vos feux ont été rebutés ;
C'est moi qui, redoutant la peine qui m'est due,
Dans l'horreur des déserts évitai votre vue ;
Heureuse si mon cœur prompt à vous offenser,
A de plus grands excès n'eût point osé passer !
Mais, Seigneur, envers vous déjà trop criminelle,
D'un fidèle sujet je sus faire un rebelle.
N'accusez donc que moi de tous ces attentats !
Si le Parthe vainqueur embrâsa vos États,
C'est moi qui contre vous excitai la tempête :
Que la foudre aujourd'hui ne frappe que ma tête.
Mais ma fille, à mes soins enlevée en naissant,
Seigneur, n'eut point de part à mon ressentiment.
Née au sein du malheur, sa jeunesse et ses charmes
Ne peuvent que causer d'innocentes allarmes.
Gardez de vous souiller d'un injuste trépas !
Ma fille avant ce tems ne vous connoissoit pas ;
Que mon sang répandu pour elle vous fléchisse :
Me punir est faveur ; l'épargner est justice.
Ah ! si j'obtiens de vous ce dernier de mes vœux,
Je rendrai grâce encore à vos soins généreux ;
Sûre qu'à mon trépas vous bornez votre haine,
Dans la tombe aujourd'hui je descendrai sans peine,
Et pourrai, de mes maux n'accusant que le sort,
Pour sa vie, accorder le pardon de ma mort.

ZOBÉIDE.

Non, laissez-moi mourir ; et, si je vous suis chère,
Aux genoux d'un cruel n'abaissez point ma mère.

ATHÉNAÏS.

Ah ! loin de l'irriter, songeons à le fléchir.

ANTIOCHUS.

Devriez-vous encore prétendre à m'attendrir ?
Répondez. Avez-vous mérité ma clémence ?
Je veux bien toutefois suspendre ma vengeance,

Allez; et quoique fasse un trop juste courroux,
De vos maux et des siens ne vous plaignez qu'à vous.
(*Elles sortent par des côtés opposés.*
Des soldats les suivent.

SCÈNE V.
ANTIOCHUS, SELEUCUS, GARDES.

SELEUCUS.

Ah! Seigneur, tout frémit du transport qui vous guide.
Que vois-je? vos soldats entraînent Zobéide!...

ANTIOCHUS.

Qu'entends-je? quoi! mon fils ose m'interroger?
Respectez mes desseins au lieu de les juger.
Un fils, qui dut toujours penser comme moi-même,
Me trahit pour l'objet de ma fureur extrême!
Croirai-je qu'en effet, d'un fol amour épris,
Vous vouliez vous unir à mes fiers ennemis?

SELEUCUS.

En est-il donc pour vous? vous m'aviez dit qu'Arzace
Devant vos yeux, Seigneur, avoit su trouver grâce;
Sûr de vos sentimens, je n'ai pas dû penser
Qu'en défendant sa fille on pût vous offenser.
Votre foi pour mon cœur peut-elle être incertaine?
N'avez-vous pas promis d'abjurer votre haine?

ANTIOCHUS.

Avez-vous cru qu'un jour pût calmer la fureur
Que les ans n'ont pu même affoiblir dans mon cœur?
Au souvenir affreux d'un amour qui m'offense,
Je sens que cet effort surpasse ma puissance.

SELEUCUS.

O ciel! que dites-vous? Et quel affreux retour
Vous oppose à vous-même en ce funeste jour?

Que ma bouche envers vous, hélas! trop confiante,
N'expose pas du moins les jours de mon amante;
Son cœur pur, étranger même au nom des forfaits,
De votre haine encor n'a pas bravé les traits.

ANTIOCHUS.

Il vous sied bien ici, fils à mes lois rebelle,
Devant trembler pour vous, de m'implorer pour elle!
Parjure au fond du cœur, et, prompt à me trahir,
Osez-vous donc aimer ce qu'il vous faut haïr?

SELEUCUS.

Quoi, Seigneur, qui vous rend si contraire à ma flamme?
Ici même à l'aimer vous excitiez mon âme.
Vous vouliez, disiez-vous, que cet hymen heureux
De la paix entre nous pût resserrer les nœuds;
Vous doutiez de mon cœur! et cet amour peut-être,
S'il n'eût pas existé, votre voix l'eût fait naître.
Ah! lorsque j'obéis à vos vœux les plus doux,
Suis-je donc en effet si coupable envers vous?
Non, Seigneur, en ce jour quoique vous puissiez faire,
Si vous parlez en roi, j'en appelle à mon père.
Tantôt de votre haine étouffant les retours,
Vous étiez juste alors: ah! soyez-le toujours;
Dispensez-moi, Seigneur, de cette loi cruelle,
Et tout devient possible à l'ardeur de mon zèle.
Commandez: je suis prêt à vous prouver ma foi.

ANTIOCHUS.

C'en est assez, ingrat, je n'attends rien de toi;
Va-t-en vanter ailleurs ta froide obéissance:
Avec mes ennemis ton cœur d'intelligence,
Par un zèle imposteur prétend-il se sauver?
C'est en les détestant qu'il faut me le prouver.
Un fils vraiment soumis, que son devoir enchaîne,
Doit épouser d'un père et l'amour et la haine;
Que me servent enfin les respects superflus,
Si tu braves les lois qui m'importent le plus?

SELEUCUS.

Donnez-moi donc, Seigneur, la force de les suivre.
Je puis tout supporter, je puis cesser de vivre;
Mais, au gré de vos vœux, dois-je donc en ce jour
Partager votre haine et bannir mon amour?

ANTIOCHUS.

Quels que soient mes desseins sur l'objet que j'abhorre,
Perfide, cette ardeur les affermit encore;
Et son sang, par mes mains, répandu sous tes yeux,
Peut me venger enfin d'un amour odieux.

SELEUCUS.

Qu'ai-je entendu, grands Dieux? votre haine implacable
Oseroit commander ce meurtre épouvantable!
Quels que soient les forfaits de son père envers vous,
Pourquoi contre ses jours armer votre courroux?
Une femme en ces lieux, captive et sans défense,
N'est pas digne, Seigneur, des traits de la vengeance.
Ah! si l'on doit jamais la laisser éclater,
C'est quand nos ennemis peuvent nous résister!
Mais non, en cet instant si je pouvois vous croire,
Je penserois moi-même offenser votre gloire;
Quand les larmes d'un fils ne vous fléchiroient pas,
Sa beauté, ses malheurs retiendroient votre bras.
A frapper l'innocent quand on peut se résoudre,
C'est du ciel irrité vouloir braver la foudre.

ANTIOCHUS.

En invoquant le ciel, traître, ne sais-tu pas
Qu'il n'est pas moins terrible à des enfans ingrats?

SELEUCUS.

Ah! si c'est l'être ainsi, je fais gloire de l'être;
Des transports de mon cœur je ne suis plus le maître;
D'un fils et d'un sujet je connois le devoir,
Mais, Seigneur, prévenez un fatal désespoir!
Il est de ces instans où notre âme étonnée,
Plus loin qu'elle ne veut est souvent entraînée.

Moi seul, hélas ! moi seul j'ai causé ses malheurs,
C'est à moi seul aussi d'arrêter vos fureurs ;
Et, sans blesser les droits que la nature imprime,
Ne le point empêcher, c'est partager le crime.

ANTIOCHUS.

Tant d'audace à la fin éveille mes soupçons ;
Dois-je aussi chez les miens craindre des trahisons ?
Ah ! les fils criminels que le ciel nous envoie,
Sont de nos ennemis l'espérance et la joie.
Mais pourquoi balancer ? et qu'est-ce que j'attends ?
Peut-être il songe encore à des forfaits plus grands.

SELEUCUS.

Quoi, Seigneur, vous croiriez ? ah, c'est me faire injure !

ANTIOCHUS.

Qui peut trahir son roi peut trahir la nature.
Tu m'as trop fatigué de cris séditieux,
Et je dois prévenir tes complots odieux,
Oui, ne différons plus. Holà, Gardes, qu'on vienne !
Ah traître ! en ce palais, allez, qu'on le retienne :
Loin d'obtenir l'objet de tes lâches amours,
Rentre en toi-même, ingrat, et tremble pour tes jours !

SELEUCUS.

C'est aux seuls criminels que la mort est à craindre ;
J'ai vécu sans reproche et mourrai sans me plaindre.
Des périls d'une amante, hélas ! mon cœur touché
A son devoir, Seigneur, est-il moins attaché ?
J'attendrai mon arrêt : favorable ou sévère,
J'ignore ce qu'un fils peut redouter d'un père.

(*Il sort.*)

SCÈNE VI.
ANTIOCHUS, GARDES.

ANTIOCHUS.

Enfin dans mon courroux, rien ne peut m'arrêter ;
Et mon fils m'a forcé lui-même à l'écarter.

Par ce moyen d'éclat, peut-être de justice,
Il me reste le tems d'assurer leur supplice.
J'ai su le différer pour le porter plus loin ;
L'ambassadeur de Parthe en doit être témoin.
Vous que l'on cherche Otame. Ah ! je le vois lui-même.

SCÈNE VII.
ANTIOCHUS, OTAME, GARDES.

ANTIOCHUS.

Viens, fidèle sujet ; venge un maître qui t'aime :
Va trouver Polémon et t'assurer de lui.

OTAME.

Chez les Parthes, Seigneur...

ANTIOCHUS.

Quoi ! le traître...

OTAME.

Il a fui.

ANTIOCHUS.

Hé quoi ! cette victime à mes coups échappée
Braveroit et moi-même et ma fureur trompée !

OTAME.

Chargé d'un autre soin...

ANTIOCHUS.

Hé bien ! m'as-tu servi ;
Mon courroux en ce jour sera-t-il assouvi ?

OTAME.

Une urne maintenant contient ce triste reste,
Et l'on doit vous offrir ce monument funeste.

ANTIOCHUS.

Je puis donc de Phraate abaisser la grandeur !
  (à Otame.)
Va d'un prince odieux trouver l'ambassadeur ;
Soutien de la révolte, et d'un traître complice ;
En le voyant puni, que lui-même pâlisse.

Fin du quatrième Acte.

ACTE CINQUIEME.

Même décoration. On voit une table de marbre noir, sur laquelle sont une urne et un voile noir.

SCÈNE Ire.
ANTIOCHUS, GARDES.

ANTIOCHUS.

La mort d'un ennemi, par mon ordre égorgé,
Ne suffit point encore à ce cœur outragé:
L'ambassadeur du Parthe a mérité ma haine;
Il eut part au forfait, qu'il en ait à la peine.
Mon pouvoir qu'il brava seroit-il satisfait,
Si d'un juste courroux il ne voyoit l'effet?
Ah! lorsqu'un ennemi nous a fait un outrage,
On ne doit se venger qu'en surpassant sa rage!
Il faut que cet appui de la rébellion
Satisfasse mon cœur par sa confusion.
Qu'il me tarde en ces lieux de lui faire connoître
De quel poids est pour moi le pouvoir de son maître;
Que Phraate lui-même, en son camp aujourd'hui,
En rougisse de honte et frémisse pour lui;
Et qu'en son envoyé sa grandeur abaissée
Répare les affronts de ma gloire offensée.
(*à un Soldat.*)
Soldat, guide les pas de ce Parthe odieux.
(*le soldat sort.*)
(*à d'autres Soldats.*)
Et vous, que sous ce voile, on dérobe à ses yeux
Cette urne, monument de ma juste vengeance!
(*On pose le voile sur l'urne.*)
(*à sa garde.*)
Vous, autour de ces lieux rangez-vous en silence.

SCÈNE II.

ANTIOCHUS, ARZACE, GARDES.

ARZACE (à part.)

Quel funèbre appareil à mes yeux vient s'offrir !
Mais le trépas n'a rien qui me fasse pâlir.

ANTIOCHUS.

Ambassadeur du Parthe, approche-toi sans crainte.
D'une indigne frayeur ton âme est-elle atteinte ?
Ces tristes ornemens doivent-ils te troubler ?
Expose ton message et parle sans trembler.

ARZACE.

Je croirois, aux objets qui s'offrent à ma vue,
Que déjà dans ton cœur ma mort est résolue,
Et que tous ces délais, ces perfides lenteurs,
N'étoient qu'un jeu nouveau de tes noires fureurs ;
J'ai tout prévu, cruel, s'il faut que je périsse,
Satisfais ton courroux en hâtant mon supplice.

ANTIOCHUS.

Calme de vains soupçons injurieux pour moi ;
Et daigne m'expliquer les desirs de ton roi.

ARZACE.

Prince, quelle que soit ma juste défiance,
Mon cœur dans ces dangers n'a pas moins d'assurance ;
Et je vais vous parler comme l'ambassadeur
D'un roi dont la victoire a fondé la grandeur.
Piqué de vos retards, ma voix devroit peut-être
Vous en demander compte au nom du roi mon maître.
Mais c'est assez pour lui qu'au gré de ses souhaits
Nous soyons arrivés au moment de la paix,
Pourvu que, dépouillant cette haine profonde,
Un traité solennel de votre foi réponde.

N'avons-nous pas assez signalé nos fureurs :
Ces champs n'offrent partout que ravage et qu'horreurs ;
Mais, de tous les fléaux que cette guerre entraîne,
Il ne faut accuser que votre seule haine.
Vous seul, Seigneur, vous seul, nous forçant aux combats,
Nous avez attirés au sein de vos États ;
C'est vous qui, le premier, rompant l'intelligence,
Avez d'un roi puissant provoqué la vengeance.
Sur quel espoir fondé, Seigneur, et par quels droits
A Phraate, en sa cour, imposiez-vous des lois ?
N'a-t-il pu, n'écoutant que sa bonté facile,
Au malheureux Arzace accorder un azile ?
Et, lorsqu'il bornoit là tous les soins de son cœur,
N'a-t-il pu d'un proscrit adoucir le malheur ?
Si vous avez depuis éprouvé sa puissance,
Ce prince a combattu pour sa juste défense :
Cependant aujourd'hui, négligeant ses succès,
Il veut bien, par ma voix, vous présenter la paix ;
Et, loin d'user ici des droits de sa victoire,
A réparer vos maux il veut borner sa gloire.
Daignez donc consentir au plus cher de ses vœux :
De l'ancienne amitié resserrez les doux nœuds,
Seigneur ; et, réparant une illustre disgrâce,
Dans ces murs ébranlés, daignez revoir Arzace ;
Et qu'enfin ce guerrier trouve, à vos lois soumis,
Un azile paisible au sein de son pays.

ANTIOCHUS.

La pitié de ton roi ne sera point stérile :
Dans cette cour Arzace a trouvé son azile.

ARZACE.

Ciel, qu'entends-je ? expliquez ce funeste discours.

ANTIOCHUS.

L'azile qu'il obtient lui servira toujours.

ARZACE.

Ainsi donc, dépouillant votre injuste colère,
Vous le verrez, Seigneur, d'un regard moins contraire?

ANTIOCHUS.

Bien loin que son aspect puisse offenser mes yeux,
Avec joie aujourd'hui je le vois en ces lieux.

ARZACE (*se croit découvert.*)
(*à part.*)

Grands Dieux! mais pouvez-vous, tranquille en sa présence,
De votre amour trahi ne point venger l'offense?

ANTIOCHUS.

Arzace est en ce jour à l'abri de mes coups.

ARZACE.

Quoi! votre cœur pour moi ne garde aucun courroux?

ANTIOCHUS.

Il est trop satisfait; et ma haine immortelle
Sait de l'ambassadeur distinguer le rebelle.

ARZACE.

Sur Arzace, il est tems, expliquez-vous Seigneur?

ANTIOCHUS.

Tu le reconnoîtras aux traits de ma fureur.

ARZACE.

C'est tenir trop long-tems mon âme suspendue.

ANTIOCHUS.

Je vais, puisqu'il le faut, le montrer à ta vue.
C'est en vain que ton roi l'a voulu protéger:
Juge, par ce témoin, si j'ai su me venger.

Il découvre l'urne.

ARZACE.

Ah! qu'elle autre victime a pu frapper sa rage?

ANTIOCHUS.

En es-tu donc surpris, toi qui connois l'outrage?
Tes regards incertains qui paroissent douter,
Sans crainte, sur cette urne, osent-ils s'arrêter?

Mais, pour t'assurer mieux des effets de ma haine,
Veux-tu de ma vengeance une preuve certaine ?
Après tous les forfaits d'un perfide ennemi,
Mon amour pouvoit-il le punir à demi ?
Son trépas étoit peu pour ma fureur jalouse,
Si le sort dans mes mains n'eût remis son épouse.

ARZACE.

Dieux !

ANTIOCHUS.

Tu frémis enfin; tes regards inquiets
Cherchent Athénaïs en ce triste palais.
Qu'on l'amène à ses yeux !

ARZACE.

Qu'ordonnes-tu barbare ?
Ciel ! détourne les maux que ce moment prépare.
Mais je la vois : hélas ! quel funeste destin
L'a remise au pouvoir de ce prince inhumain ?

SCÈNE III.

ANTIOCHUS, ARZACE, ATHÉNAÏS, GARDES.

ATHÉNAÏS.

Hé bien ! c'est donc ici que ta main ennemie
A marqué, sans retour, le terme de ma vie ?
Ah ! que vois-je, grands Dieux ! n'est-ce point une erreur ?
Mon époux est vivant !

ARZACE.

Ciel !

ANTIOCHUS.

Arzace ? ô fureur !

ATHÉNAÏS.

Je vois pourquoi ta haine en ces lieux nous rassemble !
Tu veux que sous tes coups nous périssions ensemble !

ANTIOCHUS.

Le sort, qui de tout tems fut contraire à mes vœux,
Peut-il si bien servir mes transports furieux ?
O du ciel courroucé faveur inespérée !
Par tes soins ma victime à mes coups est livrée.
Oui, le fatal amour dont tu suivis les lois,
Devoit, pour me venger, te trahir une fois ;
Apprenant ton malheur, tu frémiras peut-être !
J'ignorois ton époux : tu me l'as fait connoître.

ATHÉNAÏS.

Funeste emportement de mon barbare amour !
Cher époux, c'est donc moi qui te prive du jour !
Mais pouvois-je éviter l'erreur qui fait mon crime,
Quand Phraate, en son camp, a péri sa victime ?

ARZACE.

Dieux, qu'entends-je ? Phraate... ô déplorable roi !
Le poids de son courroux dût-il tomber sur toi ;
Aux coups d'un roi barbare, à ses fureurs en butte,
Falloit-il avec moi t'entraîner dans ma chûte ?

ANTIOCHUS.

Seul, tu devois périr. Le ciel qui voit mon cœur,
Sait bien que c'est toi seul que poursuit ma fureur ;
Mais, vengeurs des forfaits, les Dieux dans leur justice,
En livrant le rebelle, ont frappé son complice.
Traître, tu périras ! mais qui vient jusqu'à moi ?
Ciel ! c'est Otame. Ami, d'où te vient cet effroi ?

SCÈNE IV.

ANTIOCHUS, OTAME, ATHÉNAÏS, ARZACE, GARDES.

OTAME.

Ah ! Seigneur, montrez-vous au sein de Séleucie !
Tout un peuple, qu'entraîne une aveugle furie,

Pour un fils criminel condamne vos rigueurs ;
Et la sédition embrase tous les cœurs.
Chacun tremble pour lui bien plus que pour soi-même,
Et se croit menacé dans ce prince qu'il aime ;
Partout règnent l'horreur, le désespoir, les cris.
Ma voix n'a pu calmer ces farouches esprits.
Le tumulte s'accroît. Déjà, dans leurs allarmes,
Quelques-uns ont parlé de recourir aux armes.
La tour où l'on retient le prince Seleucus
Est l'endroit du palais qu'ils menacent le plus ;
Et, dans le zèle aveugle où leur âme est livrée,
Je crains que, malgré nous, ils n'en brisent l'entrée.

ANTIOCHUS

Contre mon propre sang me faudra-t-il sévir :
Ne verrai-je partout que révolte à punir ?
Mais parle : en nos dangers il n'est pas tems de feindre,
Des Parthes, en ce jour, n'ai-je plus rien à craindre ?

OTAME.

Ce n'est pas là le soin qui vous doit agiter :
Sans guides désormais, qu'oseroient-il tenter ?
Tout leur camp m'a paru dans un profond silence.

ANTIOCHUS.

Je vais de ces mutins châtier l'insolence.
Pour vous, n'espérez point vous soustraire au trépas !
Où sont ces fiers vainqueurs, ces Parthes, tes soldats ?
Rien ne m'empêche plus de me faire justice,
Mais je veux à loisir contempler leur supplice.
Gardes, qu'on les retienne ! avant la fin du jour,
Des traîtres que je hais j'aurai purgé ma cour.

(*Il sort avec Otame et une partie des Gardes.*)

SCÈNE V.
ATHÉNAÏS, ARZACE, GARDES.

ATHÉNAÏS.

Dieux justes, détournez l'effet de sa menace :
Aux dépens de mes jours, sauvez les jours d'Arzace !
Hé quoi! tant de malheurs, tant de périls divers,
La rigueur des climats, l'inclémence des airs,
Des farouches lions la sanglante furie
Auroit pu respecter une si chère vie,
Et, moins sensibles qu'eux, les perfides mortels
Aux jours de mon époux deviendroient plus cruels!
Mais qui vais-je accuser? quelle est mon injustice?
C'est moi seule, c'est moi qui te livre au supplice!

ARZACE.

Cesse, par tes regrets, d'accroître ma douleur!
Non, tu n'as point de part à ce nouveau malheur;
Quand ta bouche n'eût pas dévoilé ce mystère,
En te voyant captive, aurois-je pu me taire?
Lorsqu'il t'eût devant moi condamnée à périr,
Je l'eusse, en me nommant, forcé de nous unir.
Mais, si de mon trépas ton erreur est suivie,
Quand ton amour me perd, est-ce trop de ma vie?

SCÈNE VI.
ATHÉNAÏS, ARZACE, ZOBÉIDE, EUDOXE, SOLDATS *Syriens.*

ATHÉNAÏS.

O Ciel! que vois-je? Eudoxe. Ah! par quels tristes soins
Voulez-vous de nos maux devenir les témoins?

EUDOXE.

Madame, en quels momens, hélas! viens-je vous rendre
Le malheureux objet d'une amour aussi tendre!
De tant d'affreux dangers n'ai-je tiré ses pas,
Que pour voir, à vos yeux, ordonner son trépas?

ZOBÉIDE.

Ah! ne m'enviez pas un si cher avantage!
De mourir avec vous je me sens le courage.
En cette affreuse cour s'il faut traîner mon sort,
A cette vie, hélas! je préfère la mort.

ATHÉNAIS.

Vivez, vivez, ma fille! à vous-même cruelle,
Gardez-vous d'irriter sa fureur criminelle.
Sans doute il ne veut point vous livrer au trépas;
A ses premiers transports ne vous exposez pas.
On s'avance grands Dieux! j'entends le bruit des armes;
Quels sons, quels cris confus me remplissent d'allarmes?
Ah, momens pleins d'horreur! ma fille, cher époux,
Je ne crains pas pour moi, je ne crains que pour vous!
Mais quoi! de ce palais on a forcé l'entrée.
La victoire pour nous s'est-elle déclarée?
Ou le roi revient-il vainqueur et furieux?
On entre. Quel guerrier paroît devant mes yeux?
Polémon!... Ah! le ciel a pitié de mes larmes!

SCÈNE VII ET DERNIÈRE.

ARZACE, ATHÉNAIS, POLÉMON, ZOBÉIDE,
EUDOXE, PARTHES.

POLÉMON (*aux Syriens.*)

Sortez de ce palais, ou redoutez nos armes!

ARZACE.

Est-ce toi, cher ami? ne me trompé-je pas!
Quel Dieu dans cette enceinte a dirigé tes pas?

Du succès de ton zèle, ah! daigné nous instruire;
Que fait Antiochus ?

POLÉMON.

Seigneur, ce prince expire:
Lui-même au coup mortel a présenté son sein.

ARZACE.

Comment as-tu conduit cet étonnant dessein ?
Et, quand la mort du roi dans le camp fut semée,
Dans quel état funeste as-tu trouvé l'armée ?

POLÉMON.

Déjà régnoit le trouble; et ce jour qui nous luit
Venoit de révéler le crime de la nuit;
La foule des soldats éperdue et tremblante,
Du malheureux Phraate environnoit la tente.
D'un si noir attentat on accusoit le roi,
Mais tous sembloient frappés du plus mortel effroi;
Et déjà quelques-uns se livroient à la fuite,
Quand je m'offris aux yeux de l'armée interdite.
« Calmez, leur ai-je dit, le trouble de vos cœurs;
» Est-ce un vain désespoir qui sied à des vainqueurs ?
» Cessez de vous répandre en stériles allarmes;
» Vous recourez aux pleurs quand vous avez des armes!
Je leur peins, à ces mots, l'effroyable danger
Où le moindre retard pourroit vous engager;
Aussitôt ces guerriers, brûlant tous de combattre,
S'indignent que la peur ait osé les abattre;
Venger leur prince mort, est le serment qu'ils font.
Nous marchons vers la ville en un calme profond,
Et d'un peuple aux abois trompant la vigilance,
Sans trouver d'ennemis sur les murs on s'élance.
Quel spectacle à nos yeux s'offre dans ces remparts!
Soldats, femmes, enfans, confusément épars;
Aucun, à notre aspect, ne songe à se défendre:
L'un fuit épouvanté, l'autre accourt pour se rendre;

Mais la plupart, du roi détestant les fureurs,
Regardent nos soldats comme autant de vengeurs.
Cependant, sur vos jours bien loin d'être tranquille,
Pour venir jusqu'à vous je traverse la ville ;
Et, sans qu'on s'occupât d'en défendre l'accès,
Nous arrivons en ordre aux portes du palais.
Là, du moins, s'éleva dans un étroit espace,
Un combat digne enfin de notre heureuse audace.
Déjà de ce palais nous touchions le degré,
Le prince en descendoit de sa garde entouré ;
Je dois cette justice à son mâle courage :
Plus d'un guerrier succombe immolé par sa rage ;
Long-tems il porte ainsi le désordre en nos rangs,
Enfin il tombe mort sur des tas de mourans.
J'en atteste les Dieux ! au gré de votre envie,
J'aurois voulu, Seigneur, lui conserver la vie ;
Mais, puisque c'en est fait, acceptez le secours
Des Dieux, qui, par sa mort, ont préservé vos jours.

ARZACE.

Je dois beaucoup sans doute à la faveur céleste ;
Mais ce jour, cher ami, n'en est pas moins funeste :
Si le ciel d'un tyran nous délivre aujourd'hui,
Nous perdons en Phraate un généreux appui.
Aux regrets de l'armée allons joindre nos larmes ;
De là, rendant la paix à la ville en allarmes,
Du prince Seleucus calmons le désespoir ;
Et, s'il est quelque prix qui soit en mon pouvoir,
J'adoucirai le coup d'une perte si chère...
Si quelque chose enfin peut consoler d'un père.

www.ingramcontent.com/pod-product-compliance
Lightning Source LLC
LaVergne TN
LVHW020947090426
835512LV00009B/1750